Durchkreuzte Lebenswege

Margarete Niggemeyer

Durchkreuzte Lebenswege

Ein Begleitbuch zur geistlichen Orientierung

Schwabenverlag

Umschlaggestaltung: Ronald Parusel, Mössingen
Umschlagbild: Sieger Köder, Durch die Meseta
Satz: Schwabenverlag AG, Ostfildern
Herstellung: Gassner Druck, Reutlingen
Printed in Germany

ISBN 3-7966-0744-6

Inhalt

Einladung

Bild-Gedanken
zu »Durch die Meseta« von Sieger Köder

Der Bildtitel bezeichnet Weg und Ort, Bewegung und Ruhe, und dadurch wird sichtbar, daß der Künstler die nordspanische Landschaft Kastiliens als Durchgang wahrnimmt, in der Leben und Zuhausesein nur unterwegs möglich sind. Deshalb ist die Meseta auf diesem Bild mehr als ein geographischer Raum, sie wird transparent für Landschaften des Lebens.

Die Bildkomposition fängt diese Spannung von Bleiben und Hindurchgehen ein. Als breite Mittelachse – ein wenig aus der geometrischen Mitte nach rechts verschoben – verliert sich der Weg im Horizont. Die von beiden Seiten andrängenden Erdschollen prallen an der Weggeraden ab. Das Hochformat des Dramatischen – der Weg – ist stärker als die epische Breite des Querformats – der Acker.

Der Wegverlauf auf den Horizont zu kann auch in der Gegenrichtung gelesen werden. Dann kommt der Weg auf mich zu, lockt mich – von außerhalb des Bildes – und lädt ein, mich ihm anzuvertrauen.

Wer die Meseta auf dem Pilgerweg nach Santiago de Compostela durchwandert hat, weiß, daß dies ein Weg der großen Stille ist. Nichts lenkt ab, kein Baum und Strauch, weder Hügel noch Wasser laden zur Rast ein. Hier bedeuten Licht und Sonne nicht nur Leben, sondern auch Tod: Wüstentod, Dürretod, Hitzetod, Lichttod. Gleicht der Acker nicht einer ausgebrannten Tonscherbe?

Deshalb zieht sich in den heißen Monaten das Leben in die Höhlen zurück, um zu überleben. Hier scheint nur ein Leben am Rande des Möglichen auf. Und dieser Rand ist der Horizont! Er stellt sich quer zum Weg und nimmt ihn auf in seine Weite: der Horizont als Ziel.

Dieses Ziel, das im Farbenspiel des Blau Hoffnung weckt, läßt erahnen, daß das Licht überleben wird. Im Vordergrund des Bildes bricht es sich in den Farben Weiß, Grün, Blau und Warmrot.

Welche Verheißung birgt dieser Weg? Sammelt er den Staub der Pilgerstraßen? Stellt er den Pilger auf die Probe? Auf dem Weg »Durch die Meseta« ist der Pilger allein, hineingenommen in die Auseinandersetzung mit sich selbst. Es ist der Weg der großen Besinnung und der Wandlung.

Der Weg »Durch die Meseta« könnte auch meine Unterwegserfahrung widerspiegeln. Wie dieser Weg am Horizont auf sein Ziel zuläuft, so gibt es auch Lebenswege, die bis zum Ende gegangen werden müssen, wenn die Entscheidung dafür ganz und radikal war. Die Erprobungen unterwegs – wie in der Meseta – fordern von mir stets den Fort-Gang auf meinem Weg als Weg-Gang von anderen Wegen. So erfahre ich, daß bei jedem (schmerzlichen) Schritt Boden zurückgelassen wird, der mir aber zugleich neu geschenkt wird.

Im Loslassen neuen Boden unter den Füßen gewinnen, auch auf durchkreuzten Lebenswegen: Das ist die Einladung, die an mich ergeht.

Vorwort

Die Idee zu diesem Begleitbuch zur geistlichen Orientierung auf »Durchkreuzten Lebenswegen« wuchs in der Vorbereitung einer Pilger- und Studienfahrt nach Polen. Der Diözesanverband Münster im Deutschen Katecheten-Verein e. V. hatte dazu im Jahr 1991 eingeladen. Der Leitgedanke »Wege der Versöhnung« zog sich wie ein roter Faden durch die spirituellen Angebote, die für jeden Tag vorbereitet wurden. Im Wechsel von Gebet, Bildmeditation, Schriftbetrachtung, Lied und in Annäherung an lyrische Texte – vor allem von Nelly Sachs – wurden die Pilgernden auf dem Versöhnungsweg begleitet. In Auschwitz, Birkenau und Warschau zeigte sich die unausweichliche Herausforderung dieser Fahrt. *Nach* Auschwitz scheint jeder Sinn ausgelöscht. *Nach* Auschwitz noch beten und glauben? Jemand hat diese Frage mit Ja beantwortet, weil *in* Auschwitz geglaubt und gebetet wurde.
Auschwitz steht stellvertretend für alle Orte und Erfahrungen, in denen menschliche Wege durchkreuzt werden und in Sinnlosigkeit enden. Deshalb soll über den unmittelbaren Anlaß hinaus, für den dieses Begleitbuch entstanden ist, eine Einladung ergehen, mit den hier vorgeschlagenen geistlichen Impulsen eigene Lebenswege zu bedenken und zu meditieren. Es kann helfen, im persönlichen Leben, in zwischenmenschlichen Beziehungen sowie in der Begegnung mit Menschen anderer Nationen, Kulturen und Religionen Schritte zueinander zu wagen, sich mit den eigenen biographischen Wegen und Umwegen zu versöhnen. Das beginnt mit der Einübung in den offenen Blick, der wahrnimmt, was sich ent-gegen-stellt, was den Weg kreuzt. Als Christen und Christinnen dürfen wir dabei auch die Seh-Kraft des Glaubens einsetzen, denn er befähigt zu einem radikal neuen Sehen und hilft, die blinden Flecke unserer Herzen zu heilen.

Wer sich heraus-fordern läßt aus dem Bekannten in das Unbekannte, aus der Seßhaftigkeit in die Pilgerschaft, begibt sich auf einen spannungsreichen Lernweg. Das Ziel ist ein immer tieferes Sich-Einlassen auf das eigene Ich, auf das Du, das mich begleitet; auf das Wir der Weggemeinschaft, die mich trägt. Wer im Glauben aufbricht, vertraut sich dem an, der von sich sagt: Ich bin der Weg. (Joh 14,6)

Osnabrück, im Mai 1994 *Margarete Niggemeyer*

Zum Umgang mit diesem Buch

Die einzelnen »Orientierungen« sind ein offenes Angebot, aus dem je nach Anlaß und Situation ausgewählt werden kann. Deshalb ist bewußt darauf verzichtet, konkrete Vorschläge zu machen, wie die einzelnen Elemente miteinander zu kombinieren sind.

Leserinnen und Leser mögen sich individuell anregen lassen, kreativ mit diesen Angeboten umzugehen. Sie werden u. U. ganz neue Zusammenhänge entdecken, die durch persönliche biographische Wegerfahrungen besonders »gefärbt« sein können. Wege des Lebens und des Glaubens haben ihre eigenen Gezeiten, finden ihren Rhythmus und ihr Maß im Gehen. Es kann sich zeigen, daß schon ein einziges (Bild-)Wort genug Weg-Zehrung ist, für längere Zeit damit umzugehen, z. B. das Wort von Nelly Sachs: »Unsere Wege ziehen wir als Gepäck hinter uns her.«
Vielleicht regen die vorgeschlagenen Impulse auch an, ein eigenes Begleitbuch zu schreiben, um die persönlichen Erfahrungen mit durchkreuzten Lebenswegen festzuhalten.

Auch für Gruppen und Gemeinschaften kann dieses Begleitbuch wegweisend sein. Folgende Anlässe sind z. B. geeignet:

- Ein Stationsweg, der in Etappen zu einem zentralen Punkt führt: ein Kreuz, eine Kirche, eine Gedenkstätte.
- Ein Bußweg als Weg der Versöhnung, z. B. zum Platz einer ehemaligen Synagoge.
- Eine Wallfahrt, die einen oder mehrere Tage dauert.
- Eine Pilgerfahrt zu einem Pilgerort.
- Als Anregung für eine Früh- oder Spätschicht.
- Als Anregung für einen Wortgottesdienst oder eine Eucharistiefeier.
- Ein Abschluß eines Gesprächsabends.

- Ein Gedenkgottesdienst für die Opfer von Krieg, Terror und Katastrophen.
- Eine ökumenische Begegnung.
- Eine Gebetsstunde um Frieden und Versöhnung.

Es empfiehlt sich, die vorgeschlagenen Angebote auf gegenwärtige Erfahrungen hin zu aktualisieren, damit »durchkreuzte Lebenswege« nicht nur literarisch, ikonographisch oder biblisch vermittelt werden, sondern einen unmittelbaren Sitz im Leben erhalten.

Orientierungen

»Unsere Wege ziehen wir als Gepäck hinter uns her«

(Nelly Sachs)

Wege zwischen Herkunft und Zukunft

»Unsere Wege ziehen wir als Gepäck hinter uns her.«

Spiegelt sich in dieser Metapher meine Erfahrung von Unterwegssein? Nelly Sachs macht mit ihrem Sprachbild auf die Dynamik aufmerksam, die jeder Wegerfahrung innewohnt, denn kein Weg beginnt am Nullpunkt. Wer aufbricht, läßt Vergangenes hinter sich, trägt es aber dennoch mit auf dem Weg in die Zukunft. Das verlangt Mut, Vergangenes anzunehmen, dazu zu stehen und es zu bewältigen. Wir sind gefordert, Erinnerungsarbeit an unserer Herkunft zu leisten als Hoffnungsarbeit für die Zukunft.

Unser Leben muß »abschiedlich und bezogen« (Verena Kast) gelebt werden. Abschiedlich in bezug auf Lebensphasen, die zu Ende gegangen sind; auf Lebensräume, die wir verlassen haben; auf Beziehungen, die nicht mehr tragen; abschiedlich in bezug auf Unrecht und Unversöhntes, auf Haß und Feindschaft.

Bezogen leben im Blick auf einen neuen Lebensabschnitt, auf berufliche Herausforderungen, auf neue Begegnungen, auf Versöhnung, Gerechtigkeit und Frieden.

Eine abschiedlich und bezogen gelebte Existenz gleicht der nomadischen Lebensform. Sie nimmt die Vergänglichkeit an und schwingt sich immer neu ein in den Rhythmus von Vergehen und Werden.

Wer aus der Erinnerung lebt und sich der eigenen Wurzeln vergewissert, ist zukunftsfähig und bewahrt sich vor einem Leben, das an der Oberfläche der Gegenwart zerfließt.

CHOR DER WANDERNDEN

WIR WANDERNDE,
Unsere Wege ziehen wir als Gepäck hinter uns her –
Mit einem Fetzen des Landes darin wir Rast hielten
Sind wir bekleidet –
Aus dem Kochtopf der Sprache, die wir unter Tränen erlernten,
Ernähren wir uns.

Wir Wandernde,
An jeder Wegkreuzung erwartet uns eine Tür
Dahinter das Reh, der waisenäugige Israel der Tiere
In seine rauschenden Wälder verschwindet
Und die Lerche über den goldenen Äckern jauchzt.
Ein Meer von Einsamkeit steht mit uns still
Wo wir anklopfen.
O ihr Hüter mit flammenden Schwertern ausgerüstet,
Die Staubkörner unter unseren Wanderfüßen
Beginnen schon das Blut in unseren Enkeln zu treiben –
O wir Wandernde vor den Türen der Erde,
Vom Grüßen in die Ferne
Haben unsere Hüte schon Sterne angesteckt.
Wie Zollstöcke liegen unsere Leiber auf der Erde
Und messen den Horizont aus –

O wir Wandernde,
Kriechende Würmer für kommende Schuhe,
Unser Tod wird wie eine Schwelle liegen
Vor euren verschlossenen Türen!

Nelly Sachs

Wie eine Antiphon zieht sich der Ausruf »Wir Wandernde« durch dieses Gedicht. Diese Rufe nehmen uns mit hinein in die Wegerfahrung Israels, in der Nelly Sachs das Schicksal ihres jüdischen Volkes auf dem Weg in den Holocaust erkennt.

Wir Wandernde,
Unsere Wege ziehen wir als Gepäck hinter uns her –

Der erste Aufruf macht uns vertraut mit dem kargen »Proviant«, der die Wandernden stärken soll: *Land* – aber nur einen Fetzen – und *Sprache* – die unter Tränen erlernt wurde – mehr nicht hat Platz im Gepäck. *Land* ist Metapher für Ursprung, Heimat, Herkunft, so daß stets die Wurzel des eigenen Lebens gegenwärtig ist, selbst wenn das Herkunftsland nur für eine *Rast* Heimat bot. *Sprache* ist Medium von Begegnung und Kommunikation, ist lebensnotwendig, erhält am Leben, stiftet Gemeinschaft, läßt überleben.

Wir Wandernde,
An jeder Wegkreuzung erwartet uns eine Tür

Der zweite Ausruf: Wege kreuzen sich – erwartet werden von einer Tür als Einladung zum Bleiben, aber nichts wird gesagt, ob sie sich öffnet; das *»Israel der Tiere«*, es verschwindet in den rauschenden Wäldern: Die Tür, sonst Verheißung von Ankunft, bleibt geschlossen. Das, was Heimat bieten könnte, entzieht sich. *Einsamkeit* ist die Weggefährtin, denn niemand öffnet, wo auch angeklopft wird. Kommt dieser Weg an kein Ziel? Ein Hoffnungssignal ist die jauchzende Lerche über den goldenen Äckern. Sie sind reif für die Ernte, die jedoch jetzt noch nicht eingebracht werden kann.

O wir Wandernde vor den Türen der Erde,
Vom Grüßen in die Ferne
Haben unsere Hüte schon Sterne angesteckt.

Auch im dritten Ausruf bleibt nur eine Andeutung von Hoffnung, für die als Metapher der Stern steht. Immer wieder kommt dieses Motiv bei Nelly Sachs vor: *Stern*, das steht für das göttlich Reine, für die Unschuld der Herrlichkeit der Schöpfung, für Zufluchtsstätte und Heimat. Er ist *die* Metapher der Hoffnung. Aber noch muß der Horizont ausgemessen werden, noch wandert der Gruß in die Ferne. Unerreichbar scheint diese Hoffnung.

Der vierte Ausruf stellt uns die unerbittliche Härte des Abschieds vor Augen:

O wir Wandernde,
Kriechende Würmer für kommende Schuhe,
Unser Tod wird wie eine Schwelle liegen
Vor euren verschlossenen Türen!

Die jetzt Wandernden sind wie eine Schwelle für die kommende Generation. Das erinnert an biblische Zusammenhänge in der Exodus-Tradition. Die Generation des Auszugs aus dem Sklavenhaus Ägypten durfte nicht in das verheißene Land einziehen, selbst Mose nicht, ihr Anführer. Diese Wüstengeneration ist zur Schwelle geworden für die nachfolgende Generation, die das Land in Besitz nehmen durfte.

Hier wird die abschiedliche Existenz zu einer harten Herausforderung! Menschlich gesprochen kann gesagt werden, daß es eine Generation geben muß, die den Abschied bis zum bitteren

Ende des Todes ausleidet. Aber dieser Tod bedeutet Zukunft für die nächste Generation. Nelly Sachs sagt es mit ihren Worten:

Die Staubkörner unter unseren Wanderfüßen
Beginnen schon das Blut in unseren Enkeln zu treiben –

Die Wüstengeneration Israels als Schwelle für die Erben des verheißenen Landes

Diese Abschiedlichkeit, die durch den Tod hindurch der nächsten Generation Zukunft eröffnet, hat auch das Volk Israel auf seiner Wüstenwanderung erfahren. Die Wüstengeneration wird zur Schwelle, über die die Nachgeborenen in das verheißene Land hineinziehen.

Israels Unglaube in Kadesch-Barnea

Dann brachen wir auf, verließen den Horeb und wanderten durch diese ganze große und furchterregende Wüste – ihr habt sie erlebt – auf dem Weg zum Amoriterbergland, wie es uns der Herr, unser Gott, befohlen hatte. Wir kamen bis Kadesch-Barnea. Dort sagte ich zu euch: Nun seid ihr am Bergland der Amoriter angekommen, das der Herr, unser Gott, uns gibt. Sieh, der Herr, dein Gott, hat dir das Land ausgeliefert. Zieh hinauf, und nimm es in Besitz, wie der Herr, der Gott deiner Väter, es dir befohlen hat. Fürchte dich nicht, und hab keine Angst! Da seid ihr zu mir gekommen, ihr alle, und habt gesagt: Wir wollen einige Männer vorausschicken. Sie sollen uns das Land auskundschaften und uns Bericht erstatten über den Weg, den wir hinaufziehen, und über die Städte, auf die wir treffen werden. Der Vorschlag erschien mir gut. Ich wählte unter euch zwölf Männer aus, für jeden Stamm einen. Sie wendeten sich dem Bergland zu, zogen hinauf, gelangten bis zum Traubental und erkundeten es. Sie pflückten einige von den Früchten des Landes, brachten sie zu uns herab und erstatteten uns Bericht. Sie sagten: Das Land, das der Herr, unser Gott, uns gibt, ist prächtig. Doch ihr habt euch geweigert hinaufzuziehen. Ihr habt euch dem Befehl des Herrn, eures Gottes, widersetzt und habt in euren Zelten gemurrt. Ihr habt gesagt: Weil er uns haßt, hat der Herr uns aus Ägypten geführt. Er will uns in die Gewalt der Amoriter geben, um uns zu vernichten. Wohin geraten wir, wenn wir hinaufziehen? Unsere Brüder haben uns den Mut genommen, als sie berichteten: Ein Volk, größer und zahlreicher als wir, Städte, groß, mit himmelhohen Mauern. Sogar Anakiter haben wir dort gesehen. Da habe ich zu euch gesagt: Ihr dürft nicht vor ihnen zurückweichen und dürft euch nicht vor ihnen fürchten. Der Herr, euer Gott, der euch vorangeht, wird für euch kämpfen, genau so, wie er vor euren Augen in Ägypten auf eurer Seite gekämpft hat. Das gleiche tat er in der Wüste, du hast es selbst erlebt. Da hat der Herr, dein Gott, dich auf dem ganzen Weg, den ihr gewandert seid, getragen, wie ein Vater seinen Sohn trägt, bis ihr an diesen Ort kamt. Trotzdem habt ihr nicht an den Herrn, euren Gott, geglaubt, der euch auf dem Weg vorangegangen war, um euch die Stelle für das Lager zu suchen. Bei Nacht ging er im Feuer voran, um euch den Weg zu zeigen, auf dem ihr gehen solltet, bei Tag in der Wolke. Der Herr hörte euer lautes Murren, wurde unwillig und schwor: Kein einziger von diesen Männern, von dieser verdorbenen Generation, soll das prächtige Land sehen, von dem ihr wißt: Ich habe geschworen, es euren Vätern zu geben. Nur Kaleb, der Sohn Jefunnes, wird es sehen. Ihm und seinen Söhnen werde ich das Land geben, das er betreten hat. Denn er ist dem Herrn ganz und gar nachgefolgt. Auch mir grollte der Herr euretwegen und sagte: Auch du sollst nicht in das Land hineinkommen. Josua, der Sohn Nuns, dein Gehilfe, wird hineinkommen. Verleih ihm Macht: Er soll das Land an Israel als Erbbesitz verteilen. Und eure Kleinen, von denen ihr sagt: Zur Beute werden sie!, und eure Kinder, die heute noch nichts von Gut und Böse wissen, sie werden in das Land hineinkommen. Ihnen gebe ich es, und sie nehmen es dann auch in Besitz. (Deuteronomium 1,19–39)

Wegzeichen aufstellen

Im Gedicht von Nelly Sachs ist der Stern ein Hoffnungszeichen:

Vom Grüßen in die Ferne
Haben unsere Hüte schon Sterne angesteckt.

Ähnlich klingt eine Mahnung des Propheten Jesaja: Stellt ein Zeichen auf für die Völker! (62,10) Solche Wegzeichen können an Kreuzungspunkten zwischen Herkunft und Zukunft Orientierung schenken.

Für wen könnte ich Wegzeichen aufstellen? Wohin sollen sie weisen? Welche der genannten Zeichen möchte ich aufstellen?

Zeichen der Freundschaft	Zeichen der Zuneigung
Zeichen der Versöhnung	Zeichen der Liebe
Zeichen des Friedens	Zeichen der Gastfreundschaft
Zeichen des Dankes	Zeichen der Fürbitte

Zum Nachdenken

Der Text »Alles auf einen Esel packen« schildert die Spannung von Loslassen und Festhalten, die in jeder Aufbruchserfahrung lebendig ist.
Finde ich mich in diesem Text wieder?

Alles auf einen Esel packen

Viele brechen nur scheinbar auf.
Sie tragen nur ein Gespenst ihrer selbst mit sich fort, eine abstrakte Puppe. Sich selber bringen sie vor dem Aufbruch in Sicherheit... Sie bilden sich eine künstliche Persönlichkeit, eine ausgeliehene, nach Büchern zurechtgemachte, und diesen Roboter, diesen Schatten ihrer selbst schicken sie auf die Suche nach Gott. Nie treten sie mit ihrem ganzen Wesen in die Erfahrung ein...
Beim Auszug muß man seinen ganzen Besitz auf seinen Esel packen, mit allem emigrieren, was man ist, mit seinen Knochen, seinem Geist, seiner Seele, alles muß mit, das Erhabene und das Erbärmliche, die Sündenvergangenheit, die großen Hoffnungen, die gemeinsten und heftigsten Triebe... Alles, alles, denn alles muß durch das Feuer hindurch. Alles muß schließlich integriert werden, damit ein Mensch herauskommt, der mit Leib und Seele in die Erkenntnis Gottes eingehen kann.
Gott will ein leibhaftiges Wesen vor sich sehen, das weinen kann, schreien unter den Wirkungen seiner läuternden Gnade; er will ein Wesen, das den Wert menschlicher Liebe und die Anziehung des andern Geschlechts kennt. Er will ein Wesen, das den heftigsten Wunsch verspürt, ihm zu widerstehen, warum nicht?... Gott will ein menschliches Wesen vor sich sehen, sonst hätte seine Gnade nichts zu verwandeln; das wirkliche Wesen wäre entwischt. Hier aber pflegt das Unglück zu geschehen: zu viele unter denen, die sich Gott geben, haben seinem Wirken nur eine ausgeliehene Persönlichkeit ausgesetzt ...
Kein Wunder, wenn sie eines Tages entdecken, daß sie für etwas anderes gemacht sind.

Ives Raguin

2. Meine ganze Ohnmacht, / was mich beugt und lähmt, bringe ich vor dich. / Wandle sie in Stärke; Herr erbarme dich.

3. Mein verlornes Zutraun, / meine Ängstlichkeit, bringe ich vor dich. / Wandle sie in Wärme; Herr erbarme dich.

4. Meine tiefe Sehnsucht / nach Geborgenheit, bringe ich vor dich. / Wandle sie in Heimat; Herr erbarme dich.

T: Eugen Eckert M: Winfried Heurich

In Bildern eigene Wegerfahrungen entdecken

Mein Lebensweg zwischen Herkunft und Zukunft ist wie ein Stationsweg, auf dem sich an bestimmten Kreuzungen Erfahrungen verdichten. Die nachfolgenden Bilder sind eine Einladung, ihre Botschaft auf den persönlichen Weg zu übersetzen:

Station Wüste
Station Abgrund
Station Brücke
Station Berg
Station Mauer
Station Quelle
Station Grenze
Station Brunnen

Schritte auf meinem Weg

Anfragen an meine Herkunft:

Was prägt mein Leben von früher Kindheit an?
Was empfinde ich als Glück?
Was bedeutet mir eine Last?
Woran halte ich fest?
Was kann oder will ich nicht loslassen?

Anfragen an meine Zukunft:

Erinnere ich mich an Situationen des Aufbruchs, in denen ich einen neuen Lebensabschnitt begonnen habe?
Welche Menschen haben mich zu diesem Neuanfang ermutigt und mich dabei begleitet?
Welche Träume, Hoffnungen, Perspektiven habe ich für meinen Lebensweg?

Wege nach Emmaus – damals und heute

Zwischen Verzweiflung und Hoffnung

Die Erzählung von den beiden Emmausjüngern ist uns längst vertraut. In jedem Jahr wird sie uns in der österlichen Liturgie verkündet. Der Weg der beiden spannt sich zwischen zwei Pole menschlicher Existenz, die uns nicht fremd sind: Verzweiflung und Hoffnung. Mit unserer Sehnsucht greifen wir in solchen Situationen in die Zukunft aus und fragen: Wird unser Leben gelingen oder scheitern? Und wenn, wie bei den Jüngern »schon der dritte Tag« ist, bleibt oft nur die Flucht als einziger Ausweg. Wie sehen unsere Wege nach Ostern aus? Nicht nur in der nachösterlichen Zeit des Kirchenjahres, sondern in unserem Leben, das durch die Taufe ein Leben unter österlicher Verheißung geworden ist.

Die Begegnung mit dem Auferstandenen auf dem Weg nach Emmaus

Am gleichen Tag waren zwei von den Jüngern auf dem Weg in ein Dorf namens Emmaus, das sechzig Stadien von Jerusalem entfernt ist. Sie sprachen miteinander über all das, was sich ereignet hatte. Während sie redeten und ihre Gedanken austauschten, kam Jesus hinzu und ging mit ihnen. Doch sie waren wie mit Blindheit geschlagen, so daß sie ihn nicht erkannten. Er fragte sie: Was sind das für Dinge, über die ihr auf eurem Weg miteinander redet? Da blieben sie traurig stehen, und der eine von ihnen – er hieß Kleopas – antwortete ihm: Bist du so fremd in Jerusalem, daß du als einziger nicht weißt, was in diesen Tagen dort geschehen ist? Er fragte sie: Was denn? Sie antworteten ihm: Das mit Jesus aus Nazaret. Er war ein

Prophet, mächtig in Wort und Tat vor Gott und dem ganzen Volk. Doch unsere Hohenpriester und Führer haben ihn zum Tod verurteilen und ans Kreuz schlagen lassen. Wir aber hatten gehofft, daß er der sei, der Israel erlösen werde. Und dazu ist heute schon der dritte Tag, seitdem das alles geschehen ist. Aber nicht nur das: Auch einige Frauen aus unserem Kreis haben uns in große Aufregung versetzt. Sie waren in der Frühe beim Grab, fanden aber seinen Leichnam nicht. Als sie zurückkamen, erzählten sie, es seien ihnen Engel erschienen und hätten gesagt, er lebe. Einige von uns gingen dann zum Grab und fanden alles so, wie die Frauen gesagt hatten; ihn selbst aber sahen sie nicht.
Da sagte er zu ihnen: Begreift ihr denn nicht? Wie schwer fällt es euch, alles zu glauben, was die Propheten gesagt haben. Mußte nicht der Messias all das erleiden, um so in seine Herrlichkeit zu gelangen? Und er legte ihnen dar, ausgehend von Mose und allen Propheten, was in der gesamten Schrift über ihn geschrieben steht. So erreichten sie das Dorf, zu dem sie unterwegs waren. Jesus tat, als wolle er weitergehen, aber sie drängten ihn und sagten: Bleib doch bei uns; denn es wird bald Abend, der Tag hat sich schon geneigt. Da ging er mit hinein, um bei ihnen zu bleiben. Und als er mit ihnen bei Tisch war, nahm er das Brot, sprach den Lobpreis, brach das Brot und gab es ihnen. Da gingen ihnen die Augen auf, und sie erkannten ihn; dann sahen sie ihn nicht mehr. Und sie sagten zueinander: Brannte uns nicht das Herz in der Brust, als er unterwegs mit uns redete und uns den Sinn der Schrift erschloß? Noch in derselben Stunde brachen sie auf und kehrten nach Jerusalem zurück, und sie fanden die Elf und die anderen Jünger versammelt. Diese sagten: Der Herr ist wirklich auferstanden und ist dem Simon erschienen. Da erzählten auch sie, was sie unterwegs erlebt und wie sie ihn erkannt hatten, als er das Brot brach.

(Lukas 24,13–35)

Mit den beiden Emmausjüngern wollen wir die Stationen zwischen Karfreitag und Ostern nachgehen. Wir wissen, daß nach Karfreitag Ostern kommt. Vielleicht erfahren wir dennoch, daß die Wegstationen der beiden auch die unseren sein können.

Erste Station

Karl Schmidt-Rottluff, Emmaus

Um eine Hoffnung betrogen; um eine Hoffnung ärmer: Wird der Auferstandene auf dem Emmausbild von Karl Schmidt-Rottluff verdeckt, so ist dadurch die wahre Situation der beiden Jünger angedeutet: Es gibt eine ausgelöschte, leere Stelle in ihrem Lebensplan. Ein Zwischenraum verbindet und trennt sie zugleich. Das

Verbindende ist ihre enttäuschte Hoffnung, ihre Trauer über das schmachvolle Ende mit Jesus von Nazaret. Das Trennende ist ihre je eigene Einsamkeit in ihrem Schmerz, das Nicht-Mitteilbare. Es wird gesagt, daß sie sich unterhalten und streiten. Streit aber entzweit und trennt, auch wenn es auf dem gleichen Weg ist. Letztlich haben sie keine Sprache, die sie verbindet, und ihr Gespräch ist in Wirklichkeit gar keines, es führt sie nur noch tiefer in Verstummen und Einsamkeit hinein. Ein solches Gespräch verhindert die Wahrnehmung dessen, was sich sonst noch auf diesem Weg abspielt.
Deshalb nehmen sie auch nicht wahr, daß ihre erstorbene Hoffnung bereits auferstanden ist. Sie ist in ihrer Mitte in der Person Jesu von Nazaret. Sie geht mit ihnen auf dem Weg, der von Jerusalem wegführt, dem Ort ihrer zerstörten Hoffnung. Aber noch erkennen sie ihn nicht, ihre auferstandene Hoffnung.

Zweite Station

Zuvor müssen die beiden Jünger weitere Lernschritte gehen. Das bedeutet für sie:

- angefragt werden,
- angeschaut werden,
- Begegnung wahrnehmen,
- sich auf ein Gespräch einlassen,
- Vorwürfe und Enttäuschungen heraussagen.

Das Wort, das diese beiden aufrichtet, können sie sich nicht selbst sagen. Ein Fremder – noch erkennen sie ihn nicht – geht mit ihnen und ist doch schon ganz in ihrer Mitte. Ihre Augen sind gehalten, sonst würden sie erkennen, daß ER genau in diese Leerstelle hineinsprechen wird, er, der DAS WORT ist. Er füllt genau diesen Zwischen-Raum aus, den Raum der Verzweiflung und der Hoffnungslosigkeit, weil er selbst durch diese Erfahrungen hindurchgegangen ist, in aller Verzweiflung und Ausweglosigkeit uns gleich geworden. Im solidarischen Sich-Einlassen auf die Not der beiden beginnt das Neue aufzukeimen. Die Verben, die diesen Wegabschnitt begleiten, leuchten diesen Vor-Gang hell aus:

- Da steht Vorwurf gegen Vorwurf.
- Die Augen sind gehalten.
- Die beiden blicken verdrossen drein.
- Sie sind unverständig und trägherzig.

Das ist die Verfassung, die von Jerusalem wegführt, vom Ursprungsort neuer Hoffnung. Es wird deutlich, worin die Chance eines neuen Anfangs liegt:

- Sich einlassen auf die Vergangenheit,
- Sinnspuren in der Katastrophe entdecken,
- Herzensträgheit aufbrechen lassen,
- Unverstand klären lassen.

Die entsprechenden Worte des biblischen Textes sind: Und er erklärte ihnen die Schrift, angefangen von Mose und den Propheten. Sodann der Tadel Jesu: O ihr Unverständigen! Mußte nicht der Messias das alles erleiden, um so in seine Herrlichkeit einzugehen?

Dritte Station

Jetzt liegt die Initiative auf seiten der beiden. Sie drängen den Fremden, den sie noch nicht erkannt haben, zum Bleiben. Sie wollen ihn festhalten, ihre leeren Hände wieder mit Hoffnung füllen, und die Leerstelle beginnt sich zu schließen. Ihr Erkennen ist am Ziel, nicht aber ihr Weg. Im Brechen des Brotes wird endgültig offenbar, wer dieser Fremde ist. Er ist der Erstandene, aus der Todesverfallenheit Auf-erstandene. Jetzt braucht es kein Erklären mehr wie auf dem Wege. Die Belehrung richtete sich an Einsicht und Zustimmung. Jetzt geht es um ein »Erschließen der Augen des Herzens«, denn das Herzauge schaut tiefer, es erkennt im Fremden den Auferstandenen. Diese Sehkraft ist geschenktes Sehen, es ist das Sehen mit dem brennenden Herzen, das der Auferstandene ihnen schenkt.

Fast ist es wie eine innere Logik, daß sich der Auferstandene ihnen jetzt entzieht: »Und er – hinweg schwand er ihnen.« So übersetzt Fridolin Stier. Hinweg – ein verstärktes *weg:* Da ist wieder eine Leerstelle, aber eine andere als auf dem Weg vorher.

Vierte Station

Nachdem Gott in Jesus zu den Menschen, zu diesen beiden aufgebrochen ist, müssen auch sie aufbrechen. Als von Jesus aufgebrochene Menschen – aus ihrer Blindheit, ihrer Enttäuschung, ihrer Verzweiflung – sind sie nun in der Lage, andere für diese Botschaft aufzubrechen. Das ist ihre eigene Auf-erstehung, wie Fridolin Stier diese Stelle übersetzt: »Und auf standen sie.«

Das also ist das Ziel des Emmausweges, aufstehen, auferstehen und aufbrechen!

Auferstehen hinein in den Glauben an Jesus, in die Zukunft, in das neue Leben, in die Zeugenschaft. Der Auferstandene selbst ist die Spur, DER WEG, den die beiden jetzt gehen, zurück nach Jerusalem. Weil für sie Auferstehung wirklich ist, können sie gar nicht bleiben, sie müssen aufbrechen, auf-erstehen! Der alte Weg, den sie zurückgehen, ist aber kein Rückweg mehr, er ist ein verwandelter Hoffnungsweg in die Zukunft. Mit ihnen geht der Auferstandene, den sie als Weg-Zehrung gegessen und getrunken haben. So endet der Emmausweg!

Unterwegs nach Emmaus

Unser Emmaus liegt
in unbekannter Entfernung
vom Unfalltod
des geliebten Kindes;
am unbezifferten
Kilometerstein,
nah oder weit
hinter dem
sicheren Krebsbefund;
irgendwo
an der Wüstenstraße
zerbrochener
oder versagter Liebe.

Viele, Herr,
viele von uns
sind unterwegs
im quälenden Rhythmus
der Hoffnungslosigkeit,
Augen und Lippen
brennend
im Salz der Tränen,
in den Ohren
das unabwendbare Urteil.
Viele, Herr,
viele von uns
sind unterwegs –
gelähmt
verstummt
erblindet
und taub geworden
für deine
befreiende Nähe.

Weil du gelitten hast,
Herr,
weil du das schreckliche
Urteil
gehört und angenommen,
weil du in Ängsten
geschrien,
weil du verlassen
von allen
das Grauen des Todes
ertragen hast,
gehst du mit uns,
bis wir dich
endlich erkennen
und bitten:
Herr, bleibe bei uns!

Christa Peikert-Flaspöhler

WEGLITANEI

Einleitung

V1 Je - sus, du Weggefährte dei - ner Jün - ger: A: Geh mit uns!

V2 Christus, du Anführer uns - rer We - ge: A: Geh uns vor - an!

(Die Litanei kann abwechselnd von zwei Gruppen mit je einem Vorsänger gesungen werden oder beide Texte werden jeweils gleichzeitig gesungen; ebenso die Antworten.)

A	Du ver -	borgener	Weg - ge -	fähr -	te:	A: Geh mit uns!
	Du	Anführer	uns-res Ver -	trau -	ens:	A: Geh uns vor - an!
B	Du	unerkannter	Weg - ge -	fähr -	te:	
	Du	Anführer	uns - res	Glau -	bens:	
C	Du ge -	duldiger	Weg - ge -	fähr -	te:	
	Du	Anführer	uns - rer	Zeugen -	schaft:	
D		Wenn unser	Glau -	be er -	stirbt:	
	Auf dem	Weg	in die	Frei -	heit:	
E		Wenn unsre	Hoff -	nung er -	stirbt:	
	Auf dem	Weg	durch die	Äng -	ste:	
F		Wenn unsre	Lie -	be ver -	stummt:	
	Auf dem	Weg	in die	Wei -	te:	

G		Wenn an uns der	Zwei	-	fel	nagt:
	Auf dem	Weg	durch	das	Dun -	kel:
H		Wenn die	Herzen	ausge -	brannt	sind:
	Auf dem	Weg in unsre	Auf -	er -	ste -	hung:
I		Wenn wir alles	auf -	geben	wol -	len:
		Du unser	einziger	Weg zum	Zie -	le:

* Anstelle der 2. Stimme kann die Tenorstimme gesungen werden.
** Wenn die 1. Stimme mit der Tenorstimme ausgetauscht wird (etwa bei Strophe D, E, F), singt die 1. Stimme e''.

T: Paul Ringseisen M: Heinz-Gert Freimuth

Schritte auf meinem Weg

Gibt es auch für uns diese Erfahrungen?

1. Station: Sind wir wirklich Betroffene?
Erschüttert uns das Schicksal von Gekreuzigten und Ermordeten? Mit welchen Weggefährten gehen wir diesen Weg? Gibt es auch eine Leerstelle in unseren Gesprächen?

2. Station: Begegnung zulassen, konfrontiert werden mit Vergangenheit. Was löst das in uns aus? Gilt auch uns der Vorwurf des trägen Herzens und des Unverstandes?

3. Station: Bleiben wollen, am Ziel sein, ein brennendes Herz haben: Verstehen und Sehen mit dem Herzen, dem Herzauge. Haben wir unser Herz verwandeln lassen?

4. Station: Aufbrechen – aufstehen – auferstehen, wie sieht das in meinem Leben aus? Unterwegs mit einer Botschaft, die uns nicht sitzen läßt, die wir weitersagen müssen, die wir auf die Füße übersetzen müssen.

Wege zueinander – Wege miteinander

Hände zur Versöhnung reichen

Vielfältig ist die Sprache der Hände. Jede Gebärde macht sichtbar, wie Menschen zueinander stehen, was sie einander mitteilen, ob sie sich lieben oder einer Begegnung aus dem Wege gehen wollen.

Wenn wir uns in die Sprache der verschiedenen Handgesten einlesen, werden wir sensibel für zwischenmenschliche Beziehungen.

Was wollen die folgenden Gebärden ausdrücken?

- Hände ausstrecken.
- Hände ergreifen.
- Hände erheben.
- Mit Händen streicheln.
- Mit Händen drohen.
- Mit Händen umarmen.
- Mit Händen den Kopf stützen.
- Mit Händen das Gesicht bedecken.
- Hände emporstrecken.
- Hände durch ein Gitter strecken.
- Hände zur Faust ballen.

Welche Sprache sprechen die Hände auf den Holzschnitten von Frans Masereel?

Frans Masereel, Les mains

Der Künstler

Frans Masereel, geb. 30. Juli 1888, gest. 3. Januar 1972. Er wird zu den Expressionisten der zweiten Generation gerechnet, zu denen u. a. Otto Dix, Käthe Kollwitz und Max Beckmann gehören. Unter dem Eindruck des Ersten Weltkrieges finden sie ihren Stil angesichts der sozialen Auseinandersetzungen in der Gesellschaft. Es ist ein künstlerischer Weg der Anklage, des Protestes und des Widerstandes.

Bildgedanken

Im ersten Bild kommen typische Stilmittel von Frans Masereel zur Geltung: übereinandergetürmte Großstadtfassaden, Hell-Dunkel-Kontrast, Menschen in unterschiedlichen Lebenssituationen in der Spannung zwischen Selbstmord, Liebe, Verzweiflung und namenloser Masse. Hier werden Lebenswidersprüche aufgedeckt, vermeintlicher Sinn und Un-Sinn stoßen aufeinander. Man muß schon sehr genau hinsehen, um in diesen harten Konturen des Holzschnittes individuelles Leben zu erkennen.

Überdimensional ragen zwei Hände in dieses Bild, von links unten nach rechts oben. Ihnen entgegen bewegt sich eine Lichtbahn, die auf die Innenfläche der linken Hand fällt. Die schwarze rechte Hand saugt gleichsam das Licht in sich auf, es verschwindet hinter dieser, nur ein kleiner Lichtrand am Arm fließt hinab in die dunklen Fassaden. Auch die beiden anderen Holzschnitte leben von diesem Hell-Dunkel-Kontrast. Allen gemeinsam ist der Titel *Hände*.

Frans Masereel, Mains

Hände reichen, das ist eine Urgebärde von Versöhnung. Hand und Handschlag kennen wir aus alltäglichen Situationen; sie sind

Frans Masereel, Mains

Rechtssymbole, durch die ein Rechtsgeschäft oder ein Rechtsverhältnis anschaulich gemacht werden.

Versöhnung greift aber über den Rechtsbereich hinaus; dieser ist die äußere Seite, viel schwieriger ist die innere Seite der Versöhnung, das Emotionale, das vielleicht sagen möchte: Verzeihen ja, aber vergessen nein.

Als Glaubende fragen wir nach dieser innersten Dimension von Versöhnung, denn die Tragik menschlicher Konflikt- und Schuldgeschichte ist mit juristischen Kategorien allein nicht zu bewältigen.

Hände reichen als Geste der Versöhnung bedeutet, einen Abgrund zu überwinden und zu überbrücken: den Abgrund von Verstrickung in Schuld, von Bosheit, von Feigheit, von Intoleranz, von Brutalität, von Lüge, von Machtmißbrauch... Wenn wir versuchen, Versöhnung miteinander zu leben, werden wir oft keinen »Erfolg« unseres Bemühens sehen. Es ist wichtig wahrzunehmen, daß Versöhnung keine *Wirk*handlung ist, die sogleich zum Ziel führt; sie ist vielmehr eine *Ausdrucks*handlung, die ihren Sinn in sich selbst hat. Indem wir Wege der Versöhnung gehen, ereignet sich Versöhnung.

Der Nichtversöhnte ist für Glaubende eine existentielle Herausforderung. Denn solange wir als sündige Menschen von der Versöhnung Gottes leben, können wir sie im Blick auf die Menschen nicht verweigern!

Jede zwischenmenschliche Versöhnung, die wir stiften, hat ihren Ursprung in der Versöhnung durch Gott in Jesus Christus: Er ist die ausgestreckte Hand Gottes, wie wir im Hochgebet zum Thema »Versöhnung« beten. An uns ist es, diese Hand zu ergreifen.

Jesus Christus – unsere Versöhnung

Unsere Schuld, unsere Unversöhntheit als »Transzendenz nach unten« wird aufgebrochen durch die »Transzendenz von oben« in

Jesus Christus. ER ist die Urgebärde der Versöhnung. Das ist Gottes unwiderrufliche Vorleistung gegenüber unserem unversöhnten Handeln und Denken! Da gilt dann keine Frage mehr nach der Zahlenakrobatik: Wie oft muß ich vergeben...? Solange gezählt und gerechnet wird, kann keine Versöhnung geschehen. In der Begegnung mit der Ehebrecherin setzt Jesus einen Maßstab. Der Rückzug auf Rechtspositionen, wie es die Pharisäer tun, ist oft nur ein Hinweis auf die fehlende Bereitschaft, den Menschen zu sehen. Auch wenn die Tat verurteilt wird, die Chance eines neuen Anfangs ist das eigentliche Geschenk der Versöhnung.

Jesus und die Ehebrecherin

Dann gingen alle nach Hause. Jesus aber ging zum Ölberg. Am frühen Morgen begab er sich wieder in den Tempel. Alles Volk kam zu ihm. Er setzte sich und lehrte es. Da brachten die Schriftgelehrten und die Pharisäer eine Frau, die beim Ehebruch ertappt worden war. Sie stellten sie in die Mitte und sagten zu ihm: Meister, diese Frau wurde beim Ehebruch auf frischer Tat ertappt. Mose hat uns im Gesetz vorgeschrieben, solche Frauen zu steinigen. Nun, was sagst du? Mit dieser Frage wollten sie ihn auf die Probe stellen, um einen Grund zu haben, ihn zu verklagen. Jesus aber bückte sich und schrieb mit dem Finger auf die Erde. Als sie hartnäckig weiterfragten, richtete er sich auf und sagte zu ihnen: Wer von euch ohne Sünde ist, werfe als erster einen Stein auf sie. Und er bückte sich wieder und schrieb auf die Erde. Als sie seine Antwort gehört hatten, ging einer nach dem anderen fort, zuerst die Ältesten. Jesus blieb allein zurück mit der Frau, die noch in der Mitte stand. Er richtete sich auf und sagte zu ihr: Frau, wo sind sie geblieben? Hat dich keiner verurteilt? Sie antwortete: Keiner, Herr. Da sagte Jesus zu ihr: Auch ich verurteile dich nicht. Geh und sündige von jetzt an nicht mehr!

(Johannes 7,53–8,11)

Aus dem Hochgebet zum Thema »Versöhnung«

Wir danken dir, Gott, allmächtiger Vater, und preisen dich für dein Wirken in dieser Welt durch unseren Herrn Jesus Christus: Denn inmitten einer Menschheit, die gespalten und zerrissen ist, erfahren wir, daß du Bereitschaft zur Versöhnung schenkst.
Dein Geist bewegt die Herzen, wenn Feinde miteinander sprechen, Gegner sich die Hände reichen und Völker einen Weg zueinander suchen.
Dein Werk ist es, wenn der Wille zum Frieden den Streit beendet, Verzeihung den Haß überwindet und Rache der Vergebung weicht.
Herr aller Mächte und Gewalten, gepriesen bist du in deinem Sohn Jesus Christus, der in deinem Namen gekommen ist. Er ist dein rettendes Wort für uns Menschen. Er ist die Hand, die du den Sündern entgegenstreckst. Er ist der Weg, auf dem dein Friede zu uns kommt.
Gott, unser Vater, als wir Menschen uns von dir abgewandt hatten, hast du uns durch deinen Sohn zurückgeholt. Du hast ihn in den Tod gegeben, damit wir zu dir und zueinander finden.
Darum feiern wir die Versöhnung, die Christus uns erwirkt hat, Herr, unser Gott. Dein Sohn hat uns dieses Vermächtnis seiner Liebe anvertraut. In der Gedächtnisfeier seines Todes und seiner Auferstehung bringen wir dar, was du uns gegeben hast: das Opfer der Versöhnung.

1. Su - chen und fra - gen, hof - fen und sehn,
2. Kla - gen - de hö - ren, Trau - ern - de sehn,
3. Pla - nen und bau - en, Neu - land be - gehn,
mit - ein - an - der glau - ben und sich ver - stehn,
an - ein - an - der glau - ben und sich ver - stehn,
für - ein - an - der glau - ben und sich ver - stehn,
la - chen, sich öff - nen, tan - zen, be - frein. So
auf uns - re Ar - mut läßt Gott sich ein. So
le - ben für vie - le, Brot sein und Wein. So
spricht Gott sein Ja, so stirbt un - ser Nein. So
So spricht

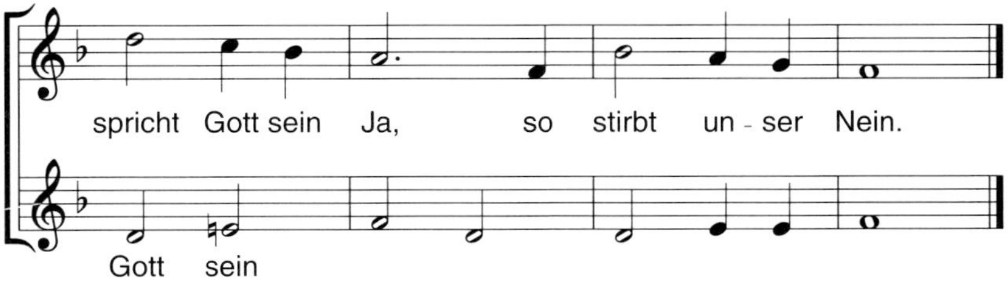

Französischer Originaltext

1. Aube nouvelle dans notre nuit:
Pour sauver son peuple, Dieu va venir,
Joie pour les hommes, fête aujourd'hui!
Il faut préparer la route au Seigneur. (bis)

2. Bonne nouvelle, cris et chansons
Pour sauver son peuple, Dieu va venir,
Voix qui s'élève dans nos déserts!
Il faut préparer la route au Seigneur. (bis)

3. Terre nouvelle, monde nouveau:
Pour sauver son peuple, Dieu va venir,
Paix sur la terre, ciel parmi nous!
Il faut préparer la route au Seigneur. (bis)

T: Michel Scouarnec

M: Jo Akepsimas

Schritte auf meinem Weg

Die Frage »Wie oft?« ist manchmal unausgesprochen auch in uns. Petrus stellt sie für alle, die auf Wegen der Versöhnung ermüden, die nicht den Mut haben, den Anfang bei sich selbst zu machen.

»Darauf trat Petrus heran und sprach zu ihm: Herr, wie oft darf sich mein Bruder gegen mich versündigen, daß ich es ihm erlasse – bis zu siebenmal? Sagt Jesus zu ihm: Nicht bis zu siebenmal, sage ich dir, sondern bis zu siebenundsiebzigmal« (Mt 18,21f.).

Welche Wege der Versöhnung bin ich in meinem bisherigen Leben gegangen?
Habe ich in bestimmten Situationen das Wort und die Gebärde der Versöhnung verweigert?
Wie lebe ich mit der Antwort Jesu an Petrus?
Gibt es »Brüder« oder »Schwestern«, bei denen ich sage: Es ist umsonst, sich um Versöhnung zu bemühen?
Versöhnung ist ein langer und mühsamer Weg. Welche Schritte wären in einer bestimmten Situation nötig, damit sich Versöhnung anbahnt?

Durchkreuzte Lebenswege

Eine Chance für Kain? Eine Chance für Abel?

Wer in die Geschichte der Menschheit schaut, entdeckt, daß »Brudermord« nicht nur ein Thema auf den ersten Seiten der Bibel ist, sondern in vielen Variationen im Laufe der Jahrhunderte wiederkehrt. Kain und Abel sind wie Prototypen menschlichen Verhaltens, und immer wieder waren Künstler fasziniert, dieses Motiv ins Bild zu setzen: Angefangen bei der Bernwardstür von Hildesheim (1033) bis hin zu Marc Chagall (†1985) in unserer Zeit. Ein Zeitgenosse unserer Tage gibt dafür die Deutung, wenn er sagt: »Ich begann, die Geschichten der Bibel zu lesen: Ein Riß; und der Abgrund Mensch klaffte auf.«

Kain und Abel

Adam erkannte Eva, seine Frau; sie wurde schwanger und gebar Kain. Da sagte sie: Ich habe einen Mann vom Herrn erworben. Sie gebar ein zweites Mal, nämlich Abel, seinen Bruder. Abel wurde Schafhirt und Kain Ackerbauer.

Nach einiger Zeit brachte Kain dem Herrn ein Opfer von den Früchten des Feldes dar; auch Abel brachte eines dar von den Erstlingen seiner Herde und von ihrem Fett. Der Herr schaute auf Abel und sein Opfer, aber auf Kain und sein Opfer schaute er nicht. Da überlief es Kain ganz heiß, und sein Blick senkte sich. Der Herr sprach zu Kain: Warum überläuft es dich heiß, und warum senkt sich dein Blick?

Nicht wahr, wenn du recht tust, darfst du aufblicken; wenn du nicht recht tust, lauert an der Tür die Sünde als Dämon.

Auf dich hat er es abgesehen, doch du werde Herr über ihn! Hierauf sagte Kain zu seinem Bruder Abel: Gehen wir aufs Feld! Als sie auf dem Feld waren, griff Kain seinen Bruder Abel an und erschlug ihn. Da sprach der Herr zu Kain: Wo ist dein Bruder Abel? Er entgegnete: Ich weiß es nicht. Bin ich der Hüter meines Bruders? Der Herr sprach: Was hast du getan? Das Blut deines Bruders schreit zu mir vom Ackerboden. So bist du verflucht, verbannt vom Ackerboden, der seinen Mund aufgesperrt hat, um aus deiner Hand das Blut deines Bruders aufzunehmen. Wenn du den Ackerboden bestellst, wird er dir keinen Ertrag mehr bringen. Rastlos und ruhelos wirst du auf der Erde sein. Kain antwortete dem Herrn: Zu groß ist meine Schuld, als daß ich sie tragen könnte. Du hast mich heute vom Ackerland verjagt, und ich muß mich vor deinem Angesicht verbergen; rastlos und ruhelos werde ich auf der Erde sein, und wer mich findet, wird mich erschlagen. Der Herr aber sprach zu ihm: Darum soll jeder, der Kain erschlägt, siebenfacher Rache verfallen. Darauf machte der Herr dem Kain ein Zeichen, damit ihn keiner erschlage, der ihn finde. Dann ging Kain vom Herrn weg und ließ sich im Land Nod nieder, östlich von Eden.

(Genesis 4,1–16)

Dieser Text aus Genesis 4 gehört zu jenen Schichten der hebräischen Bibel (AT), die als »Urgeschichte« bezeichnet werden und keine historischen, sondern vielmehr allgemein-menschheitliche Erfahrungen überliefern, die in der Heilsgeschichte Gottes mit den Menschen aus dem Glauben gedeutet werden. Der Brudermord gehört in die Reihe der alttestamentlichen »Sündenfallgeschichten«, die zeigen, wie die Lawine der Schuld anwächst bis zum Turmbau zu Babel. Die Urgeschichte der Menschheit kann gelesen werden als Geschichte des dramatisch zerbrechenden Gottesverhältnisses. Dennoch gibt es Zeichen der Hoffnung: »Feindschaft setze ich zwischen dich und die Frau, zwischen deinen Nachwuchs und ihren Nachwuchs. Er trifft dich am Kopf, und du triffst ihn an der Ferse.« (Gen 3,15) So spricht Jahwe zur Paradiesschlange und verheißt künftiges Heil. Ein weiteres Zeichen der Heilszuwendung Jahwes ist das »Kainsmal«, durch das der Brudermörder vor der tödlichen Rache bewahrt bleibt. »Darum soll jeder, der Kain erschlägt, siebenfacher Rache verfallen. Darauf machte der Herr dem Kain ein Zeichen, damit ihn keiner erschlage, der ihn finde.« (Gen 4,15)

Nach der Flut garantiert Jahwe den Bestand der Schöpfung und setzt den Regenbogen als Zeichen des Bundes in die Wolken. (Gen 9,8–17) Allein die Turmbaugeschichte endet ohne Heilszusage. (Gen 11,1–9) Erst mit der Berufung Abrahams (Gen 12,1–9) beginnt die historisch faßbare Heilsgeschichte.

Beim aufmerksamen Lesen des biblischen Textes machen wir eine interessante Entdeckung. Dort heißt es:

Gen 4,4: Der Herr *schaute* auf Abel und sein Opfer.
Aber auf Kain und sein Opfer *schaute* er nicht. Da überlief es Kain heiß, und sein Blick *senkte sich.*

Gen 4,6: Der Herr sprach zu Kain: Warum überläuft es dich heiß, und warum *senkt* sich dein Blick?

Gen 4,7: Nicht wahr, wenn du recht tust, darfst du *aufblicken*; wenn du nicht recht tust, *lauert* an der Tür die Sünde als Dämon. Auf dich hat er es *abgesehen*, doch du werde Herr über ihn.

Hier wird eine Theologie der Sünde, des Brudermordes, im Motiv des Blickes erzählt.

- Der Herr *schaut* auf Abel.
- Abel *blickt aufwärts* ins Antlitz Jahwes, vorbei an Kain.
- Kains *Blick senkt sich,* er darf nicht *aufblicken,* sein Unrecht läßt ihn *zu Boden blicken.*
- Der Dämon *lauert* (eine intensivere Form des Blickes mit böser Absicht). Er hat es auf Kain *abgesehen.*
- Schließlich heißt es in Gen 4,14: *Kain zieht weg vom Angesicht Jahwes.*

Diesen »Abgrund Mensch«, der in uns allen lebt, hat Marc Chagall eindringlich ins Bild gesetzt.

Marc Chagall, Kain tötet Abel

Kain beugt sich voller Wucht über den am Boden liegenden Abel, den Dolch in dessen offenen Mund stoßend. Die abwehrende Gebärde der linken Hand kann diesen Todesstoß nicht aufhalten. Niedergedrückt durch das angewinkelte Knie von Kain ist Abel wehrlos der Todeswut seines Bruders ausgeliefert. Dennoch – ein erschreckender Kontrast: Wenn alles aus dem Bild weggedacht wird und nur das Gesicht Kains übrigbleibt, wer würde in diesem Gesicht den Blick und den Haß eines Brudermörders erkennen? So ist das wohl: Masken verdecken Brutalität, täuschen Menschlichkeit vor, und erst der Blick auf das Ganze – auch in diesem Bild – deckt die Wahrheit auf, läßt das wahre Antlitz zum Vorschein kommen. Das Ganze ist eindeutig: Der geöffnete Mund drückt Hilflosigkeit und Fassungslosigkeit aus gegenüber dem unkontrollierten Haß, der unmittelbar vor dem Todesstoß den Bruder ergreift.

Abel links unten im Bild, Kain diagonal oberhalb von Abel – und rechts unten berühren sich die Körper beider: im Ursprung eins – ein Brüderpaar, dennoch entzweit im Haß, der zum Mord treibt.

Kain und Abel sind Prototypen menschlichen Verhaltens. Wir möchten fragen:

Gibt es eine Chance für Abel?
Gibt es eine Chance für Kain?
Gibt Abel – wenn er aufsteht – Kain eine Chance?
Gibt Jahwe eine Chance? Im biblischen Bericht zeichnet er Kain ein Schutzmal auf die Stirn – und heute: Hätte Kain eine Chance?

Ein Hoffnungszeichen hat Marc Chagall an den Rand des Bildes gemalt: Die Lebensranke Abels, die rechts bis zum Himmel aufragt: Nicht nur das Blut Abels schreit zum Himmel, auch die Verheißung von Leben berührt den Himmel als Hoffnung, die über den Todesschrei hinausgreift: wie eine Variation des Opfers, das von Gott angeschaut wurde.

Abel steh auf

Abel steh auf
es muß neu gespielt werden
täglich muß es neu gespielt werden
täglich muß die Antwort noch vor uns sein
die Antwort muß ja sein können
wenn du nicht aufstehst Abel
wie soll die Antwort
diese einzig wichtige Antwort
sich je verändern
wir können alle Kirchen schließen
und alle Gesetzbücher abschaffen
in allen Sprachen der Erde
wenn du nur aufstehst
und es rückgängig machst
die erste falsche Antwort
auf die einzige Frage
auf die es ankommt
steh auf
damit Kain sagt
damit er es sagen kann
Ich bin dein Hüter
Bruder
wie sollte ich nicht dein Hüter sein
Täglich steh auf
damit wir es vor uns haben
dies Ja ich bin hier
ich
dein Bruder
Damit die Kinder Abels
sich nicht mehr fürchten
weil Kain nicht Kain wird
Ich schreibe dies

ich ein Kind Abels
und fürchte mich täglich
vor der Antwort
die Luft in meiner Lunge wird weniger
wie ich auf die Antwort warte

Abel steh auf
damit es anders anfängt
zwischen uns allen

Die Feuer die brennen
das Feuer das brennt auf der Erde
soll das Feuer von Abel sein

Und am Schwanz der Raketen
sollen die Feuer von Abel sein

Hilde Domin

Schritte auf meinem Weg

Versöhnung statt Brudermord, das kann bedeuten:

- sich wieder Aug' in Auge gegenübertreten;
- sich ins Angesicht schauen;
- nicht herabsehen auf den anderen;
- dem Blick des anderen standhalten;
- gemeinsam aufblicken ins Antlitz Gottes;
- hineingehen in den Blick-Winkel Gottes;
-unter seinem Blick leben;
- sich von ihm ansehen lassen und so Ansehen gewinnen.

So beginnt das Neue –
So steht Abel auf –
So wird wahr, was im Gedicht von Hilde Domin als Hoffnung steht:

Abel steh auf
damit es anders anfängt
zwischen uns allen.

»In der Tiefe des Hohlwegs ...«

(Nelly Sachs)

Mit offenen Wunden leben

Im Gedicht CHOR DER TRÖSTER von Nelly Sachs steht an entscheidender Stelle das Bild vom *Hohlweg*. Es löst Assoziationen zu anderen Wegen aus: Grenzwege, Scheidewege, Holzwege ...

Hohlweg, das klingt nach Höhle und läßt an das Erdinnere denken, an einen leeren Raum im Berginnern. Dieser ist verbunden mit der Symbolik von Geburt und Sterben, von werdendem und vergehendem Leben: Mutterschoß der Erde, aus dem Leben hervorsprießt; Ort, aus dem die Nacht entsteigt und die Sonne ihren Lauf beginnt. Die Grabhöhle ist Eingang zur Unterwelt und zum Totenreich.

Mit dieser Symbolik der Höhle verbindet sich die Metapher Weg. Ein Weg hat ein Woher und Wohin, ist Brücke zwischen Vergangenem und Künftigem. Er schenkt stets neue Perspektiven und Horizonte, gewährt kein Bleiben, sondern lädt ein zu Wanderung und Wandlung.

So verdichtet sich im Hohlweg eine existentielle Erfahrung: Ich bin immer unterwegs, auch durch »Höhlen«, die mich verwandeln und neu »gebären«.

CHOR DER TRÖSTER

GÄRTNER SIND WIR, blumenlos gewordene
Kein Heilkraut läßt sich pflanzen
Von Gestern nach Morgen.
Der Salbei hat abgeblüht in den Wiegen –
Rosmarin seinen Duft im Angesicht der neuen Toten verloren –
Selbst der Wermut war bitter nur für gestern.
Die Blüten des Trostes sind zu kurz entsprossen
Reichen nicht für die Qual einer Kinderträne.

Neuer Same wird vielleicht
Im Herzen eines nächtlichen Sängers gezogen.
Wer von uns darf trösten?
In der Tiefe des Hohlwegs
Zwischen Gestern und Morgen
Steht der Cherub
Mahlt mit seinen Flügeln die Blitze der Trauer
Seine Hände aber halten die Felsen auseinander
Von Gestern und Morgen
Wie die Ränder einer Wunde
Die offenbleiben soll
Die noch nicht heilen darf.

Nicht einschlafen lassen die Blitze der Trauer
Das Feld des Vergessens

Wer von uns darf trösten?

Gärtner sind wir, blumenlos gewordene
Und stehn auf einem Stern, der strahlt
Und weinen.

Nelly Sachs

Annäherung an das Gedicht von Nelly Sachs

Es ist nicht leicht, Sprache und Botschaft dieses Gedichtes zu entschlüsseln. Nelly Sachs stellt ein Sprachgemälde vor unser inneres Auge und lädt uns zum Schauen ein. Die Botschaft ihres Gedichtes verbirgt sich in Metaphern, die sich erst beim »zweiten Blick« erschließen werden. Wir müssen uns in diese Sprachbilder einlesen, hineinschauen und sie meditieren, denn nur so geben sie ihr Geheimnis preis. Sie lassen Freiraum für eigenes Deuten, bringen nichts auf den Begriff wie eine Definition, sondern sind ein Seh-Angebot zum Schauen, Durch-Schauen und Dahinter-Schauen.

Gärtner – blumenlos gewordene

In der ersten Strophe spüren wir die Ohnmacht der Trauer:

Gärtner, die sonst Samen hegen und pflegen, sind blumenlos geworden.
Heilende Kräuter verwelken, verlieren ihren Duft.
Kindertränen, sonst im Augenblick zu trocknen, sind kein Zeitmaß mehr für die »Blüten des Trostes«.

Hier ist jede Hoffnung erstorben, das Angesicht des Todes, der »neuen Toten«, erstickt jede Hoffnung im Keim: in den »Wiegen«!

Die zweite Strophe enthält in der ersten Zeile das Wort »vielleicht«. Gibt es ein Dennoch der Hoffnung, Hoffnung auf »neuen Samen«? Wer aber darf mit dieser Hoffnung trösten?

Diese Frage bleibt unbeantwortet; nur durch die Sprachbilder hindurch gibt es Spuren von Hoffnung auf Leben, auf Überleben, auf unzerstörbares Leben.

Aber noch darf die Wunde nicht heilen!

In der Tiefe des Hohlwegs

Vor unserem inneren Auge entsteht ein großartiges Bild: Ein Hohlweg und steile Felswände ragen auf. Es ist ein Abgrund von Jahrmillionen, der zu Stein geworden ist. Tiefe bedeutet hier zugleich Höhe, und von der Tiefe des Hohlwegs aus läßt sich erst seine Höhe ermessen. Er hat eigene Lichtverhältnisse. Nur im Spalt dringt Sonne in die Tiefe, und das nur für kurze Zeit. Sonst herrschen Dämmer, Schatten, Nacht, Feuchtigkeit, Schwüle. Kein Licht-Blick, keine Weite, sondern Enge, die Angst machen kann. Muß ich auch wandern in finsterer Schlucht – daran erinnert dieses Bild in der zweiten Strophe.

Zwischen Gestern und Morgen
Steht der Cherub

In diesem Hohlweg steht ein Cherub, nein dort steht *der* Cherub; ein menschengestaltiges Mischwesen mit Flügeln. Er steht dort: Stehen, das bedeutet aufrecht, festgegründet in sich, verwurzelt im Grund. Seine Flügel weisen ihn aus als Wesen der überirdischen Ordnung: Cherub, ein Vermittler zwischen Tiefe und Höhe, aber auch zwischen Gestern und Morgen, zwischen Vergangenheit und Zukunft. Die Tiefe des Hohlwegs ist sein Stand-Ort, von dort aus entfaltet er seine Kraft, die Kraft seiner Flügel. Er mahlt – werden wir hier an eine Windmühle erinnert? Wind – Hauch – Atem – Pneuma – Sturm – Kraft des Cherubs, die nicht greifbar ist, nur in ihren Wirkungen erfahrbar: Er mahlt mit seinen Flügeln die Blitze der Trauer. Und wie bei jedem Mahlvorgang eine Substanz in eine andere verwandelt wird, so ist auch hier Verwandlung angedeutet.

Blitze der Trauer: Der Blitz ist eine Kraft, die in Brand setzt, die einschlägt, die vernichtet und zerstört. So kann Trauer wirken, mit der Energie eines Blitzes treffen, eine Macht, die menschlich nicht zu bändigen ist. Hier steht Kraft gegen Kraft. Die Flügel des Cherubs vermögen diese Trauerblitze zu zermahlen und zu zermalmen. Überirdische Kraft überwindet die Kraft des Blitzes, so daß die Trauer vernichtet ist. Aber sie ist nicht nur überwunden, denn im Mahlvorgang deutet sich an, daß sie auch verwandelt wird. Das ist ein verborgener Hinweis: Die Tiefe des Hohlwegs ist Ort von Umwandlung, Überwindung von Trauerblitzen, Geburt einer neuen Vision ohne Trauer; aber noch ist dieses Neue nicht erkennbar.

Wie die Ränder einer Wunde

Mit seinen Händen stemmt der Cherub die Felsen auseinander, die Felsen Gestern und Morgen. Hände, auch sie sind Zeichen der Kraft und Macht des Cherubs, Zeichen von Herrschaft. Die Felsen sind Metaphern für Herkunft und Zukunft, die im Heute gegenwärtig bleiben müssen. Es gibt ein therapeutisches Offenhalten von Wunden. Erinnern steht gegen Vergessen: Die Tiefe des Hohlwegs ist Abbild einer Wunde, die sich wie eine Kerbe in menschliches Leben eingräbt. Es gibt Wunden zwischen Völkern, Nationen, Rassen und Religionen, die in Generationen hinabreichen. Auch die Nachgeborenen leiden an dieser Wunde, die »noch nicht heilen darf«. Ihre offenen Ränder sind dauernde Erinnerung an Verwundungen, sind ein Schmerzgedächtnis, eine Memoria, die Vergangenes gegenwärtig macht. So werden die jetzt Lebenden »gleichzeitig« mit den Opfern.

Wie leben wir mit der Wunde des Holocaust, mit den immer neu aufbrechenden Rassenkonflikten, mit dem tausendfachen Morden in sinnlosen Kriegen?

Wohnt in diesen durchkreuzten Lebenswegen noch Hoffnung, Hoffnung auf eine neue Geburt?

Wer von uns darf trösten?

Die nicht beantwortete Frage am Schluß des Gedichtes läßt vermuten, daß niemand da ist, den Dienst des Tröstens wahrzunehmen. Hier ist eine Nähe zu den alttestamentlichen Klagepsalmen und Klageliedern:

Die Schande bricht mir das Herz,
ganz krank bin ich vor Schmach;
umsonst habe ich auf Mitleid gewartet,
auf einen Tröster, doch habe ich keinen gefunden.
(Psalm 69,21)

In den Klageliedern, die die Zerstörung des Tempels in Jerusalem im Jahre 586 v. Chr. beweinen, heißt es:

Ihr alle, die ihr des Weges zieht,
schaut doch und seht,
ob ein Schmerz ist wie mein Schmerz,
den man mir angetan.
Fern sind alle Tröster, mich zu erquicken.
(Klagelieder 1,12.16b)

Niemand darf trösten, denn noch muß das Gedächtnis wachgehalten werden. So endet das Gedicht in der Spannung von Tod und Leben, von »Hohlweg« und »Stern«:

Gärtner sind wir, blumenlos gewordene
Und stehn auf einem Stern, der strahlt
Und weinen.

Der Cherub von Marc Chagall ist wie eine Zusammenschau der Sprachbilder des Gedichtes. In ihm sehen wir die Macht verkörpert, die die Geburt neuen Lebens ermöglicht oder verweigert.

Marc Chagall, Cherub

Neuer Same wird vielleicht
Im Herzen eines nächtlichen Sängers gezogen.

Die Metapher *Stern* am Schluß des Gedichtes ist ein behutsamer Hinweis, daß noch nicht jede Hoffnung erloschen ist, und das Wort »vielleicht« in der zweiten Strophe bringt uns auf eine Spur von Leben. Sie wird weitergeführt durch die Bilder von Same, Herz, Nacht und Sänger. In ihnen verschlüsselt Nelly Sachs ihre Hoffnungsbotschaft.

Same im Herzen ziehen, wachsen lassen – mit dieser Vorstellung verbindet sich eine alte Überzeugung und Menschheitserfahrung. Das Herz ist die Mitte des Menschen, es gilt als Sitz der Seele, des Gefühls, des Mutes. Nach der Naturphilosophie steht das Herz in engster Verbindung mit den Vorgängen von Zeugung und Empfängnis; es ist Ausgangsort des Blutes und des Samens. Eine Mutter, die ihr Kind »unter dem Herzen trägt«, ist sichtbares Zeichen für diesen Ursprungsort von Leben.

Das zweite Bild der Gedichtzeile ist Nacht und Sänger = nächtlicher Sänger. Es führt uns in den Mythos, in dem Orpheus als Sängerheros durch die Macht seines Gesangs und Leierspiels Bäume und Felsen bewegt und wilde Tiere zähmt. Er steigt hinab in den Hades und bezaubert die Unterweltsbeherrscher, so daß diese seine verstorbene Gattin mit ihm zurückkehren lassen.

Die christliche Aneignung dieses Mythos ist vielfach bezeugt. Auf Fresken in den Katakomben, auf Mosaiken und in der Kleinplastik wird Orpheus zum Typos für Christus: Orpheus, der als paradiesischer Urmensch unter den Tieren dargestellt wird, ist Vorausbild des zweiten, neuen Adam; und als Hadesbezwinger ist er Vorausbild für den Todesüberwinder Christus.

Abbildungen zeigen Orpheus als Sänger zwischen den Tieren, ein Vorbild für die Schöpfungsikonographie, in der Christus als Herr der Schöpfung zwischen den Tieren thront.

Orpheus

Ein wichtiger Zeuge für diese christliche Aneignung und Umdeutung des Orpheus-Motivs ist Klemens von Alexandrien († vor 215) in seiner »Ermahnung an die Heiden«.

Christus ist Sänger und Kithara-Spieler. Als Logos verkörpert er singend die göttliche Harmonie; seine menschliche Natur ist Instrument der Offenbarung Gottes, die auch die Geschöpfe und die menschliche Seele zum Klingen bringt. Er vermittelt dem Menschen mit der erlösenden Macht des Gesanges die Befreiung vom Tode und erschließt den Weg zum Himmel. In seinem Herzen wächst der neue Same, unter dem Herzen trägt er die erlöste Menschheit. Durch seine Unterweltsfahrt – auch Höllenfahrt genannt – hat Christus die Menschheit befreit. Als seine erlöste Braut führt er sie aus dem Tod zum Leben.

Die Liturgiekonstitution des Vatikanum II greift dieses Motiv auf, wenn sie von dem Gesang spricht, den Christus in die Verbannung dieser Welt mitgebracht hat:

Als der Hohepriester des Neuen und Ewigen Bundes, Christus Jesus, Menschennatur annahm, hat er in die Verbannung dieser Erde jenen Hymnus mitgebracht, der in den himmlischen Wohnungen durch alle Ewigkeit erklingt. Die gesamte Menschengemeinschaft schart er um sich, um gemeinsam mit ihr diesen göttlichen Lobgesang zu singen. Diese priesterliche Aufgabe setzt er nämlich durch seine Kirche fort; sie lobt den Herrn ohne Unterlaß und tritt bei ihm für das Heil der ganzen Welt ein, nicht nur in der Feier der Eucharistie, sondern auch in anderen Formen, besonders im Vollzug des Stundengebetes. (n 83)

Auch in den Psalmen klingt das Motiv des neuen Liedes vielfach an, z. B.:

Ps 33,3: Singt ihm ein neues Lied,
greift voll in die Saiten,
und jubelt laut!

Ps 40,4: Er legte mir ein neues Lied in den Mund,
einen Lobgesang auf ihn,
unseren Gott.

Ps 96,1: Singet dem Herrn ein neues Lied;
singt dem Herrn, alle Länder der Erde!

Ps 98,1: Singet dem Herrn ein neues Lied,
denn er hat wunderbare Taten vollbracht.

Ps 149,1: Singet dem Herrn ein neues Lied!
Sein Lob erschalle in der Gemeinde der Frommen.

Ferner heißt es bei Jes 5,1: Ich will ein Lied singen von meinem geliebten Freund, ein Lied vom Weinberg meines Liebsten. In Offb 5,8f. lesen wir: Als es (das Lamm) das Buch empfangen hatte, fielen die vier Lebewesen und die vierundzwanzig Ältesten vor dem Lamm nieder; alle trugen Harfen und goldene Schalen voll Räucherwerk; das sind die Gebete der Heiligen. Und sie sangen ein neues Lied.

Ferner lesen wir in Offb 14,3: Und sie sangen ein neues Lied vor dem Thron und vor den vier Lebewesen und vor den Ältesten. Aber niemand konnte das Lied singen lernen außer den hundertvierundvierzigtausend, die freigekauft und von der Erde weggenommen worden sind.

In einem mittelalterlichen Osterhymnus begegnet uns dieses Christus-Orpheus-Motiv noch einmal:

Sequenz von der Auferstehung des Herrn

Aufgerichtet an der stange,
Hat einst eine erzne schlange
Der gebissnen schmerz gedämpft:
Sie zu frein im höchsten bunde,
Hat die braut aus tiefstem schlunde
Unser Orpheus sich erkämpft.

O du frohes Ostern! Heut
Jauchzen wir voll heiterkeit,
Ungemessne fröhlichkeit
Uns der kirche mund gebeut.

Unbekannter Dichter, Frankreich 12./13. Jahrhundert

Gemme mit Christus-Orpheus-Motiv

Eine Lyrikerin unserer Zeit läßt uns an ihrer Vision von erlöstem Leben teilhaben. Auch hier klingt das Motiv des Lobgesangs an: »Bruder Rabbi« schenkt uns ein neues Lied, »mit tausend Zungen« zu singen.

Über die Hügel

Großer Einsamer –
Bruder,
kämest Du heute
leichten Schritts
über die galiläischen Hügel
herüber zu uns,
»da würde das Auge des Blinden sich auftun«
denn Du wärest in dem einen
unverwechselbaren Licht Galiläas,
das sehen macht,
  – *sehen.*

»und das Ohr des Tauben wird hören«
denn Du kämest in dem Rauschen
der Zedern und Ölbäume,
und unser ausgeleierter Lobgesang
würde verstummen vor einer Musik
die hören macht,
  – *hören.*

»dann hüpfet der Lahme wie ein Hirsch«
denn Du kämest im geheimnisvollen
Wind der judäischen Berge,
Bruder Rabbi, im Wind
der tanzen macht,
  – *tanzen.*

»und die Zunge des Stummen singt Lobgesang«
denn Du kämest
in dem ewig heißen Atem
Jerusalems,
der singen macht mit tausend Zungen,
   – singen.
Und unsere Stummheit
hätte ein Ende.

Gabriele Markus

Sprachbilder – Lebensbilder

Mit dem inneren Auge schaue ich die Sprachbilder des Gedichtes, in denen Nelly Sachs Lebenserfahrungen verbirgt.

– Welches Bild spricht mich besonders an?
– Bei welchem Bild möchte ich länger verweilen?
– Welches Bild ist mir fremd?

Ich versuche, das Sprachgemälde mit seinen einzelnen Bildmotiven in meinem Leben wiederzuerkennen. An welche Erfahrungen, Wegstationen oder Begegnungen erinnern mich die folgenden Sprachbilder?

Gärtner – blumenlos
Tiefe des Hohlwegs
Felsen – Gestern und Morgen
Cherub zwischen Gestern und Morgen
Blitze der Trauer
Ränder einer Wunde
neuer Same
nächtlicher Sänger

Anfragen

Christus, der neue Orpheus – gilt das auch für meinen Glauben? Gibt es in meinem Leben die Erfahrung des Übergangs von der Nacht zum Tag, vom Verzweifeln zum Hoffen, vom Chaos zur Ordnung, vom Tod zum Leben, zur Auferstehung?

Orpheus auf einer Pyxis aus Elfenbein

Schritte auf meinem Weg

Die »Chassidische Geschichte vom Leiden« mutet uns eine Erfahrung zu, die wir in unserem Leben wohl kaum zulassen möchten: Gott für das Übel lobpreisend danken?

Als Rabbi Schmelke und sein Bruder zum Maggid von Mesritsch gekommen waren, brachten sie dies vor: »Unsere Weisen haben ein Wort gesprochen, das uns keine Ruhe läßt, weil wir es nicht fassen können. Das ist das Wort, der Mensch solle Gott für das Übel lobpreisend danken wie für das Gute und solle es in gleicher Freude empfangen. Ratet uns, Rabbi, wie wir es fassen.« Der Maggid antwortete: »Geht in das Lehrhaus, da werdet ihr Sussja finden, wie er seine Pfeife raucht. Er wird euch die Deutung sagen.«
Sie gingen ins Lehrhaus und legten Rabbi Sussja ihre Frage vor. Er lachte: »Da habt ihr euch den Rechten ausgesucht! Ihr müßt euch schon an einen andern wenden, und nicht an einen wie mich, dem zeitlebens kein Übel widerfuhr.«
Sie aber wußten: Es war Rabbi Sussjas Leben vom Tag seiner Geburt an bis zu diesem Tag aus Not und Pein ohne andern Einschlag gewoben. Da verstanden sie, was es heißt, Leid in Liebe empfangen.

Martin Buber

Kenne ich in meinem Leben Situationen, in denen aus Dunkel und Nacht neues Leben »geboren« wurde?

Kreuzwege

»Berufung: Wunde zu sein –«
(Nelly Sachs)

DIE GEKRÜMMTE LINIE des Leidens
nachtastend die göttlich entzündete Geometrie
des Weltalls
immer auf der Leuchtspur zu dir
und verdunkelt wieder in der Fallsucht
dieser Ungeduld ans Ende zu kommen –

Und hier in den vier Wänden nichts
als die malende Hand der Zeit
der Ewigkeit Embryo
mit dem Urlicht über dem Haupte
und das Herz der gefesselte Flüchtling
springend aus seiner Berufung: Wunde zu sein –

Nelly Sachs

Und das Herz der gefesselte Flüchtling springend aus seiner Berufung: Wunde zu sein –

Ist das nicht ein Widerspruch, ein gefesselter Flüchtling? Er ist auf der Flucht und doch angekettet; gebunden an einen Ursprung, von dem er sich nicht losreißen kann, denn für immer ist sein Herz daran gebunden: Flucht vor einer Berufung, vor der es kein Ausweichen gibt! Wer vermag einzuwilligen in die Herausforderung, »Wunde zu sein«? Gibt es nur ein Ja-Sagen im »Herausspringen«? Das Herz als gefesselter Flüchtling läßt uns erahnen, daß diese Berufung den Menschen bis ins Mark trifft und ihn zu zerbrechen droht. Das ist die Welt des Hiob, in der Nelly Sachs zu Hause ist und mit ihr das jüdische Volk.

Der Dulder Hiob ist das biblische Urbild dieser Berufung. Er klagt über seinen Gott, der ihn in Dunkel und Finsternis stürzt. Allein der Schrei bleibt als »Fluchtweg«, und dennoch ist Hiob in diesen Klagen an seinen Gott »gekettet«. Sein Herz ist wie der »gefesselte Flüchtling«, der seine Berufung bis zum bitteren Ende ausleiden muß: Durchkreuzter Lebensweg, denn Jahwe hat seinen Pfad versperrt und Finsternis auf seine Wege gelegt.

Erkennt doch, daß Gott mich niederdrückt,
da er sein Netz rings um mich warf.
Schrei' ich: Gewalt!, wird mir keine Antwort,
rufe ich um Hilfe, gibt es kein Recht.
Meinen Pfad hat er versperrt; ich kann nicht weiter,
Finsternis legt er auf meine Wege.
Meiner Ehre hat er mich entkleidet
die Krone mir vom Haupt genommen.
Er brach mich ringsum nieder, ich muß dahin;
er riß mein Hoffen aus wie einen Baum.
Sein Zorn ist gegen mich entbrannt,
gleich seinen Gegnern gelte ich ihm.
Vereint rückten seine Scharen an,
bahnten gegen mich den Weg,
lagerten sich rings um mein Zelt. (Ijob 19,6–12)

Wer berufen ist, Wunde zu sein, begräbt schließlich seine vergeblichen Schreie in der Stummheit, denn die Kehle ist trocken wie eine Scherbe, die Zunge klebt am Gaumen (vgl. Ps 22,16).

Windrose der Qualen

In der Gestalt des Hiob verleiht Nelly Sachs sich und ihrem gequälten Volk Stimme, ja sie spricht für alle Leidenden dieser Welt. Sie könnte eine Schwester Hiobs genannt werden, denn in der Intensität ihrer Leiderfahrung, im Verlust geliebter Menschen, im klagenden Suchen nach Sinn, aber auch mit der Ahnung von Hoffnung ist sie tief verwurzelt im Glauben ihrer Väter und Mütter. Sie ist Hiob verwandt, auch über Jahrtausende hinweg.

HIOB

O DU WINDROSE der Qualen!
Von Urzeitstürmen
in immer andere Richtungen der Unwetter gerissen;
noch dein Süden heißt Einsamkeit.
Wo du stehst, ist der Nabel der Schmerzen.

Deine Augen sind tief in deinen Schädel gesunken
wie Höhlentauben in der Nacht
die der Jäger blind herausholt.
Deine Stimme ist stumm geworden,
denn sie hat zuviel *Warum* gefragt.

Zu den Würmern und Fischen ist deine Stimme eingegangen.
Hiob, du hast alle Nachtwachen durchweint
aber einmal wird das Sternbild deines Blutes
alle aufgehenden Sonnen erbleichen lassen.

Nelly Sachs

Hiob wird zur »Windrose der Qualen«, sein Leiden und Klagen haben welt- und zeitumspannende Dimensionen, aufschreiend in den Gequälten und Gemarterten aller Zeiten.

»Windrose« – Brennpunkt aller Leiden, nicht eingrenzbar wie das Element Wind, sondern ausgesetzt den Stürmen des Leidens. Auch der »Süden«, sonst Metapher für Sonne, Licht, Wärme, Heiterkeit, ist eingeschlossen in diese Leidensdimension: Es gibt kein Entrinnen! So steht Hiob im »Nabel der Schmerzen«, nicht im Nabel der Welt, von wo er mächtig die Geschichte lenkt, nein: Nabel der Ohnmacht, der Ausweglosigkeit, der Schmerzen.

Hiob ist in Person Brennpunkt aller Leidensgeschichten – über Raum und Zeit hinweg, unbekannt und getrieben von Urzeitstürmen!

»Augen« und »Stimme« sind in der zweiten Versgruppe reale und metaphorische Wirklichkeiten für Blindheit und Stummheit: Augen wie Höhlentauben; Stimme, die verstummt.

Beides macht einsam, bedeutet Abbruch von Beziehung und Kommunikation, ist Orientierungslosigkeit. Kennen wir nicht solche ausgemergelten Gesichter der Häftlinge aus den Konzentrationslagern? Hiob ist mitten unter uns!

Stummheit, ohne Sprache zu sein, das hat auch einen biographischen Hintergrund bei Nelly Sachs. In den Metaphern von Wurm und Fisch verbirgt sich ihre Erfahrung nach einem Verhör durch die Gestapo. Es löste eine Kehlkopflähmung bei ihr aus, an der sie fünf Tage lang gelitten hat. In ihren Aufzeichnungen schreibt sie: »Fünf Tage lebte ich ohne Sprache unter einem Hexenprozeß. Meine Stimme war zu den Fischen geflohen. Geflohen ohne sich um die übrigen Glieder zu kümmern, die im Salz des Schreckens standen. Die Stimme floh, da sie keine Antwort mehr wußte und ›sagen‹ verboten war.«

Hans H. Heidenheim, Ijob

Die Bilder »Wurm« und »Fisch« führen außerdem in die biblische Symbolik ein. Gerade im Buch Hiob steht der Wurm für die Vergänglichkeit des Menschen, und in Psalm 22,7 klagt der Beter: »Ein Wurm bin ich und kein Mensch.« Hiobs Klagen sind so furchtbar, daß niemand ihnen Stimme leihen kann. Und an dieser Stelle steht eine unmittelbare Anrede an das Du, das auch im Verstummen noch die Sprache des Leidenden versteht: »Hiob, du hast alle Nachtwachen durchweint.«

Ohne Unterbrechung, keine Pause wird der Qual gegönnt: Hiob ist gestaltgewordenes Leid der Menschheit. »Aber«: Mit diesem Wort wird Hoffnung sichtbar, die im Bild des Sternes aufscheint, wiederum die Metapher der Hoffnung – und dieser Stern ist leuchtender als alle aufgehenden Sonnen. So wird hier behutsam angedeutet, daß Schrei und Klage nicht das Letzte sind. Vielmehr geschieht Verwandlung – »einmal« – wenn alle aufgehenden Sonnen vor dem Stern verblassen, wenn Leiden in Licht verwandelt werden.

Hier atmet der jüdische Glaube von Nelly Sachs. Sie ist wie Hiob im Leid geläutert, auch wenn das Nichtverstehbare bleiben wird; aber es ist aufgehoben im Dennoch des Glaubens.

»Komm, wir gehen für unser Volk!«
(Edith Stein)

Auf unnachahmliche Weise ist das Leben von Edith Stein (1891–1942) gelebte Berufung, »Wunde zu sein«. Stellvertretend für ihr Volk geht sie ihren Kreuzweg bis zum Konzentrationslager Auschwitz-Birkenau: »Komm, wir gehen für unser Volk!« Das ist ihr Ja zu ihrer Berufung.

Als Edith Stein 1933 in den Karmel eintrat, erhielt sie den Namen »Teresia Benedicta a cruce« und bemerkt dazu:

Edith Stein

»Unter dem Kreuz verstand ich das Schicksal des Volkes Gottes, das sich damals schon anzukündigen begann. Ich dachte, die es verstünden, daß es das Kreuz Christi ist, die müßten es im Namen aller auf sich nehmen.«

... wie eine Heilige

Ein jüdischer Beamter, der überlebt hat, berichtet aus seinem letzten Gespräch mit Edith Stein vor ihrer Verladung in Viehwaggons: »Die eine Nonne, die mir sofort aufgefallen war und die ich – trotz der vielen abscheulichen ›Episoden‹, deren Zeuge ich war – nie habe vergessen können, die Frau mit ihrem Lächeln, das keine Maske war, sondern wie ein warmes Leuchten aufging, ist diejenige, die durch den Vatikan vielleicht heiliggesprochen wird. Als ich dieser Frau im Lager Westerbork begegnete, wußte ich sofort: Das ist ein wahrhaft großer Mensch. In dem Hexenkessel Westerbork lebte sie einige Tage, ging, sprach und betete sie – wie eine Heilige. Ja, das war sie. Das war das Bild dieser älteren Frau, die so jugendlich wirkte, die so ganz und wahrhaftig und echt war. Bei einem Gespräch sagte sie: ›Die Welt besteht aus Gegensätzen. Letzten Endes aber wird nichts bleiben von diesen Kontrasten. Die große Liebe allein wird bleiben. Wie sollte es auch anders sein können?‹ So sicher und demütig sprach sie, daß es die Zuhörer packen mußte. Ein Gespräch mit ihr, das war eine Reise in eine andere Welt. In solchen Minuten bestand Westerbork nicht mehr. ›Daß Menschen so sein können, habe ich nicht gewußt‹, sagte sie einmal. ›Und daß meine Schwestern und Brüder so leiden müssen, das habe ich wahrhaftig auch nicht gewußt. Jede Stunde bete ich für sie. Ob Gott mein Gebet hört? Ihre Klage hört er ganz gewiß.‹«

Edith Stein schreibt aus ihrer Erfahrung eine »Wissenschaft vom Kreuz«, die sie mit ihrem ringenden und suchenden Glauben am eigenen Leibe erlitten hat.

Eine Kreuzeswissenschaft unseres Lebens

Wenn wir das Leben Edith Steins im Licht des Geheimnisses des Kreuzes Christi betrachten, dann ergibt sich für eine Kreuzeswissenschaft ein Blickwinkel, der helfen kann, uns in das Geheimnis unseres Glaubens einzuführen, der in unserem Leben als Zeichen der Hoffnung das Kreuz Christi mit seiner Dunkelheit hat. Am Leben von Edith Stein können wir ablesen, daß der Glaubende erkennen muß, daß er den Ausgang seines Daseins immer wieder in die Unbegreiflichkeit Gottes freiräumen muß. Erinnert sei an ihre Schritte zur Taufe und zum Eintritt ins Kloster sowie an ihren Abtransport nach Auschwitz. Diese Ereignisse waren begleitet von einer Dunkelheit, die sie letztlich nicht verstand, aber dennoch ging sie hoffend auf diese schwierigen Situationen zu. Zugleich wird damit deutlich, daß es neben dem Licht des Glaubens auch die schweigende Dunkelheit gibt, auf die aber mit Christus im Vertrauen zugegangen werden kann. Gott ist in Christus Mensch geworden, um uns Weg zu sein. Von daher macht uns die Person Edith Steins deutlich, wie wichtig es ist, ein Verständnis für die Person Jesu Christi zu bekommen, der durch sein Kreuz hindurch auferstanden ist.

Die Radikalität der Kreuzesnachfolge wird sicher bei den Menschen individuell verschieden sein, aber ohne das Kreuz, d. h. ohne die bewußte Annahme des eigenen Kreuzes, das einem in seinem Leben begegnet, kann der christliche Glaube nicht wahrhaft gelebt werden. Glaube bedeutet auch immer ein Stück Leiden, aber auch Leiden mit und für die anderen.

Dabei kommt die Frage auf, wo denn »mein« Kreuz in diesem Leben, das das Kreuz Christi wäre und wo zudem die Dunkelheit Gottes sei, da ich doch gut zu verstehen glaube, wer Gott ist. Jedoch wer der Welt »wahrhaft liebend entgegengeht, dem kommt schon das Kreuz Christi und die Unbegreiflichkeit Gottes aus ihr entgegen, er braucht das gar nicht erst in sie hineinzuzaubern«.

Deshalb die Aufforderung, auf das eigene Kreuz im Leben mit Vertrauen und Hoffnung zuzugehen, damit das je eigene Leben in einer Kreuzeswissenschaft zum Ausdruck kommt, die hilft, mit Christus Weg zu sein.

Die »Berufung: Wunde zu sein« stellt uns vor die Frage: Gibt es noch eine Theo-Logie nach Auschwitz? Edith Stein gibt darauf in ihrer Kreuzeswissenschaft eine Antwort, in der im Jahrhundert des Holocaust die Mystik des Kreuzes aufleuchtet. Sie selbst hat daraus gelebt, denn Gott war für sie gegenwärtig, wo das Schĕma Israels und das Vaterunser gebetet wurden. Als der Leidensgefährte gab es ihr Trost, wo in jener Hölle menschlich nichts mehr zu hoffen war. Die unaussprechlichen Leiden in Auschwitz waren für sie die Leiden Gottes selbst. Dies ist ihre mystische Antwort, nach der Gott uns auch im Schmerz verbunden ist. Unser wahres Leiden ist sein Leiden, unsere Trauer ist seine Trauer, unsere Schmerzen sind die Schmerzen seiner Liebe.

In der Nachdichtung von Psalm 61 bezeugt Edith Stein ihr Vertrauen auf die Barmherzigkeit Gottes:

2. Du bist gleich einem Turme, / den nie der Feind bezwang. / Ich weiche keinem Sturme, / bei dir ist mir nicht bang. / In deinem Zelt bewahren / willst du mich immerdar. / Mich hütet vor Gefahren / dein schirmend Flügelpaar.

3. Mein Bitten hast erhöret, / mein Gott, in Gnaden du. / Wer deinen Namen ehret, / dem fällt dein Erbe zu. / So schenke langes Leben / dem, der sich dir geweiht; / wollst Jahr um Jahr ihm geben, / ihn segnen allezeit.

4. Vor Gottes Angesichte / steh er in Ewigkeit. / Es wird ja nie zunichte / des Herrn Barmherzigkeit. / So will dein Lied ich singen, / wie ich es dir versprach, / mein Lobesopfer bringen / von neuem Tag um Tag.

T: Edith Stein 1936 nach Psalm 61 M: Lyon 1547

Schritte auf meinem Weg

Das Gebet »Auf dem Weg durch die Nacht« atmet den Glauben von Edith Stein, es lädt ein, ihren Kreuzweg mitzugehen.

Laß blind mich, Herr, die Wege gehn,
die Deine sind.
Will Deine Führung nicht verstehn,
bin ja Dein Kind!
Bist Vater der Weisheit, auch Vater mir.
Führest durch Nacht Du auch,
führst doch zu Dir.
Herr, laß geschehn, was Du willst,
ich bin bereit!
Auch wenn Du nie mein Sehnen stillst
in dieser Zeit.
Bist ja Herr der Zeit.
Das Wann ist Dein.
Dein ew'ges Jetzt, einst wird es mein.
Mach alles wahr, wie Du es planst
in Deinem Rat.
Wenn still Du dann zum Opfer mahnst,
hilf auch zur Tat.
Laß überseh'n mich ganz
mein kleines Ich,
daß ich mir selber tot,
nur leb' für Dich.

»Die Wege nach Zion trauern ...« (Klgl 1,4)

Gott ins Gebet nehmen

Die Klage gehört zum unverzichtbaren Erbe der jüdisch-christlichen Tradition: Not wird vor Gott zur Sprache gebracht, Gott wird ins Gebet genommen. Vielfältig sind die Formen, in denen uns Klagen begegnen: Klagelieder, Klagepsalmen, Klagen einzelner wie Hiob oder Jeremia, bis hin zum Verlassenheitsschrei Jesu am Kreuz. Die Klage gehört ins Zentrum eines an Gott ausgerichteten Lebens, denn sie ist der Ernstfall der Gottesbeziehung: Wer klagt, weiß sich auch in dieser Situation als einmaliges, unverwechselbares Geschöpf vor Jahwe, vor Gott. So betrachtet, gehört es zur Würde des Menschen, wenn er klagt. Das ist ein Zeichen von Stärke, von Selbstvertrauen, denn im Klagen wird eine letzte Abwehr gegen Bedrohung und Leid laut, die das Ich gefährden, es vielleicht auslöschen können. Wer unfähig zum Klagen ist, der verfällt in ungerechtfertigtes Jammern oder in beschwichtigendes Selbstmitleid.

Biblische Klagetexte

Er spannte den Bogen wie ein Feind,
stand da, erhoben die Rechte.
Wie ein Gegner erschlug er alles,
was das Auge erfreut.
Im Zelt der Tochter Zion
goß er seinen Zorn aus wie Feuer.
Wie ein Feind geworden ist der Herr,
Israel hat er vernichtet.
Vernichtet hat er alle Paläste,
zerstört seine Burgen.

Auf die Tochter Juda hat er gehäuft
Jammer über Jammer.
(Klagelieder 2,4–5)

Weh, wie einsam sitzt da
die einst so volkreiche Stadt.
Die Wege nach Zion trauern,
niemand pilgert zum Fest,
verödet sind all ihre Tore.
(Klagelieder 1,1.4)

Zum Ekel ist mein Leben mir geworden,
ich lasse meiner Klage freien Lauf,
reden will ich in meiner Seele Bitternis.
Ich sage zu Gott: Sprich mich nicht schuldig,
laß mich wissen, warum du mich befehdest.
Deine Hände haben mich gebildet, gemacht;
dann hast du dich umgedreht und mich vernichtet.
(Ijob 10,1.2.8)

Ich sitze nicht heiter im Kreis der Fröhlichen;
von deiner Hand gepackt, sitze ich einsam,
denn du hast mich mit Groll angefüllt.
Warum dauert mein Leiden ewig
und ist meine Wunde so bösartig?
Wie ein versiegender Bach bist du mir geworden,
ein unzuverlässiges Wasser.
(Jeremia 15,17–18)

Als er auf Erden lebte, hat er mit lautem Schreien und unter Tränen Gebete und Bitten vor den gebracht, der ihn aus dem Tod retten konnte, und er ist erhört und aus seiner Angst befreit worden. Obwohl er der Sohn war, hat er durch Leiden den Gehorsam gelernt.
(Hebräer 5,7–8)

Klage als Trauerarbeit

Wie kommt ein Mensch in die Verfassung des Klagens und des Schreiens? Klage setzt Enttäuschung voraus. Der Glaube hat im Leben keine Verwurzelung mehr, weil Gott sich entzieht; denn bislang hat der jetzt Klagende seine Gottesbeziehung auf den Glauben an einen guten Gott gegründet, und nun kommt er mit diesem Gottesbild nicht mehr zurecht. Er nimmt im Klagegebet den Kampf mit Gott auf, bis hinein in den Fluch und hin zur Verwünschung des eigenen Lebens (vgl. Jeremia 15,10). Der Mensch glaubt sich von Gott überwältigt, ja betrogen. Als Wehrloser ist er ihm restlos ausgeliefert. Aber dennoch: Solange ein Mensch klagt, ist seine Gottesbeziehung nicht zerbrochen, so wie auch Jesus in seinem Verlassenheitsschrei ruft: *Mein* Gott, warum hast du mich verlassen?

Wenn die Klage wesentlich für die jüdisch-christliche Gebetstradition ist, dann müßte sie auch in unsere ganz persönliche Gebetspraxis gehören. Weithin aber ist die Klage aus unseren Gebeten verschwunden. Wenn wir jedoch die Erfahrung der Gottferne und der Verzweiflung aus unserer Beziehung zu Gott ausklammern, rührt das an die Substanz unseres Glaubens. Gerade das Klagen,. das »Gott-ins-Gebet-Nehmen«, bezeugt, daß diese Gottesbeziehung für uns lebensnotwendig ist, daß wir sie aufrechterhalten möchten, und sei es auch in Wut, Not und Zorn. Erst wenn die Beziehung zu Gott abbricht und zerreißt, wenn Gottes Gesprächsangebot nicht mehr wahrgenommen wird, wandelt sich die Klage in Verzweiflung, die in totale Einsamkeit führt und eine Vorstufe des Todes ist. Deshalb kann die Einübung in eine Spiritualität des Klagens befreiend wirken.

Klagendes Gebet ist Trauerarbeit! Die Not, die Katastrophe oder das Leiden werden vor Gott zur Sprache gebracht und vor ihm und mit ihm in der Klage besprochen. Gott ist nämlich ein Gott, der auch in den Phasen unserer Trauer bei uns sein will.

Eine solche Klage geht nicht ins Leere, denn sie hat einen Adressaten. Der Klagende weiß, daß ein DU da ist, das zuhört und mitleidet. Dann kann es geschehen, daß bereits Klagen als heilend erfahren wird:

- Es schenkt neuen Frieden.
- Es gibt Kraft zu neuem Aufbruch.
- Es stärkt zum Widerstand gegen die Bedrohung.
- Es ermutigt und schenkt Geduld.

So wirkt das Klagen therapeutisch und begleitet die Trauerarbeit. Wer klagt, gibt den Schmerz her, löst sich vom Schmerz, weint alles aus sich heraus und befreit sich von der Verzweiflung. Wer auf diese Weise leer geworden ist, kann neu die Verheißung Jesu hören: Selig die Trauernden, denn sie werden getröstet werden! Und dennoch: Wie oft geht die Klage ins Leere! Niemand antwortet. Wir erzählen uns selbst unsere Not und spüren, wie uns das Klagen in die Nacht des Betens führt, in das Schweigen, in das Verstummen.

Klagepsalmen

In der Schule der Psalmen entdecken wir, wie Trauerarbeit im Angesicht Gottes den Menschen verwandelt:

- Im Augenblick des Todes reden sie von Leben.
- Im Augenblick der Verachtung reden sie von Anerkennung.
- Im Augenblick der Katastrophe sprechen sie von Wiederherstellung.

Deshalb können uns die Klagepsalmen ihre Sprache leihen, in der wir unsere Not vor Gott aussprechen. Ob wir uns in der klagenden anima (= Seele) des Stuttgarter Psalters wiederfinden? Sie sitzt auf einem Kummerhügel, Ausschau haltend nach dem rettenden Gott.

»Mit der Zither will ich dich preisen, Gott«

Harren und Hoffen sind Haltungen, die gegen Hoffnungslosigkeit als Verzweiflung stehen. In den Psalmen wird diese betende Hoffnung auf unterschiedliche Weise vor Gott gebracht:

- als skeptisches Hinhören, ob Gott wohl noch da sei;
- als klagende Anfrage nach seiner Nähe;
- als zuversichtliche Bitte, die mit Gott rechnet;
- als geduldiges Sich-Abfinden in Erwartung der Wende;
- als grenzenloses Vertrauen auf Jahwes Treue.

Fundament dieser Hoffnung ist die Befreiungstat Jahwes an seinem Volk Israel, die im gedenkenden Erinnern stets neu gefeiert wird. So setzt Hoffnung Lebenskraft frei, sie ist selbst Leben – auch wider alle Hoffnung, wie bei Abraham.

Weitere Klagepsalmen

Ps 22:	Mein Gott, mein Gott, warum hast du mich verlassen?	GL 715 GL 716 GL 717
Ps 88:	Herr, du Gott meines Heils, zu dir schreie ich am Tag und bei Nacht.	
Ps 102:	Herr, höre mein Gebet! Mein Schreien dringe zu dir.	
Ps 116:	Ich liebe den Herrn, denn er hat mein lautes Flehen gehört und sein Ohr mir zugeneigt an dem Tag, als ich zu ihm rief.	GL 746
Ps 126:	Als der Herr das Los der Gefangenschaft Zions wendete, da waren wir alle wie Träumende.	GL 753
Ps 130:	Aus der Tiefe rufe ich, Herr, zu dir: Herr, höre meine Stimme!	GL 82
Ps 137:	An den Strömen von Babel, da saßen wir und weinten, wenn wir an Zion dachten.	GL 754

Hoffnung auf Trost

Wer klagt, schreit, trauert und weint, ruft nach einem Tröster. Trost kann ich mir nicht selbst zusprechen, sondern Trösten geschieht an mir, jemand muß mich trösten.

Im biblischen Verständnis ist »trösten« weit gefaßt. Das entsprechende griechische Wort parakalein heißt übersetzt: herbeirufen, einladen (zur Hilfeleistung), auffordern, ermuntern, zusprechen, trösten.

Diese Bedeutungsvielfalt zeigt, daß trösten nicht nur mit Worten geschieht, sondern ein ganzheitliches Tun ist. In Jer 16,7 ist von einem Trostbecher die Rede, zu dem auch Brot gegessen werden kann; und beim Abendmahl Jesu ist der Becher des Heiles zugleich ein Becher des Trostes. Nach Jesu Weggang ist der Geist der Tröster, der Paraklet, der als Beistand des Auferstandenen für die Seinen in dieser Welt bleibt.

Dieser Geist Jesu ist die Kraft, die auch in Ohnmacht und Finsternis den Klagenden nicht verläßt. Der Klageschrei ist wie ein Wurfseil, das der Glaubende über die Abgründe des Nichtverstehens und über die Schluchten seiner Ängste zu Gott hinüberwirft. Er lebt aus dem Dennoch der Hoffnung auf die Treue Gottes, die ihn aus dieser Tiefe erretten wird.

(O Herr, höre mein Gebet. Antworte mir, wenn ich rufe. Komm und höre auf mich.)

T: Gesang aus Taizé M: Jacques Berthier

Schritte auf meinem Weg

Wie sieht miene »Klagemauer« aus?
Welche Klagen möchte ich auf die Steine schreiben?
Welche Klagen werden in mir laut?
Welche Klagen höre ich in meiner Umgebung?
Welche Klagen höre ich in der Gesellschaft?
Welche Klagen werden in der Kirche angestimmt?

Welchen Sinn haben Klagen für mich?
Welche »Dynamik« wohnt in ihnen?
Sind sie Ausdruck einer Bedrohung von außen?
Sind sie »Ich-Klage« – Klage über meine eigene Situation?
Sind sie »Du-Klage« – Klage über die Abwesenheit Gottes?

Bei diesem Nachdenken könnte die Funktion der Klage deutlicher ins Bewußtsein treten:
Ausdruck von Schmerz.
Ausdruck der Angst vor Unglück.
Ausdruck der Einsamkeit und Schutzlosigkeit
Ausdruck des Verlangens nach Besserung, nach neuem Glück.
Zeichen der Entlastung, die durch das Sprechen geschieht.
Anruf an »jemand«, der diese Klage hören soll.
Vergewisserung, daß ich nicht einsam bin.

Todesweg als Lebensweg

Christusbilder sehen mich an

In Bildern der Kunst begegnet uns das Antlitz Jesu Christi, wie es der Glaube im Laufe der Jahrhunderte wahrgenommen und verehrt hat. Die Botschaft dieser Bilder ist nicht immer leicht zu lesen. Erst wenn wir uns diesem Antlitz aussetzen, uns anschauen und anfragen lassen, entdecken wir sein Geheimnis.

In den hier ausgewählten Bildern schauen wir den geschundenen Christus, der »ohne Gestalt noch Schönheit« (Jes 53,2) ist und sich am Kreuz vor Schmerz krümmt. Dieser Christus geht den Todesweg, der sich durch das Kreuz in einen Lebensweg zur Auferstehung verwandelt.

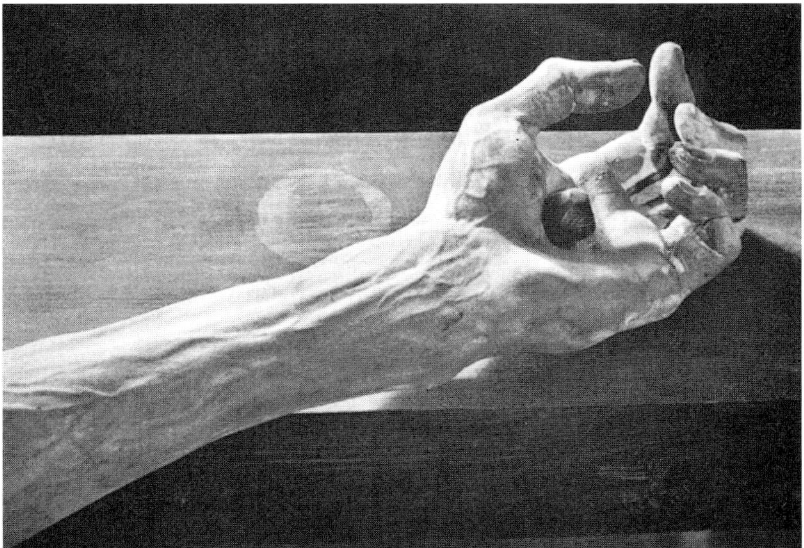

Veit Stoß, Kreuzdarstellung (Ausschnitt)

Christus nahm ab

Die Hand des Gekreuzigten ist ein Ausschnitt aus einer Kreuzdarstellung von Veit Stoß, 1520, Nürnberg, St. Sebaldus.
Die Hand, das ausgreifende Werkzeug des Menschen zur Umwelt, Symbol der Macht, Medium zur Übertragung von Heil, Kraft und Segen, hier am Kreuz ist sie stillgelegt, durchbohrt von Eisen, gekrümmt im Schmerz – und doch trägt diese Hand die Welt.

Diese Hand Christi ist eine Einladung zum Schauen, zum Dahinter-Sehen. Ein Text von Nelly Sachs soll dabei helfen, diesem Gekreuzigten ins Antlitz zu schauen und seinem Blick standzuhalten.

Christus nahm ab
an Feuer
Erde
Wasser
baute aus Luft
noch einen Schrei
und das
Licht
im schwarzumrätselten Laub
der einsamsten Stunde
wurde ein Auge
und sah.

Nelly Sachs

Assoziationen zum Text von Nelly Sachs

Christus

Wer ist doch dieser?
Für wen halten die Leute mich?
Was sagst du von dir selbst?
Ich bin der Erste und der Letzte,
Haupt der neuen Schöpfung.

nahm ab

Aktiv oder passiv?
Freiwillig oder gezwungen?
Im Gehorsam, aus Liebe,
aus Solidarität?
Vergangenheitsform?
Ein für allemal vorbei?
Ausgelöscht oder weiterwirkend?

an Feuer

Element unserer Welt, des Kosmos.
Zerstörendes und läuterndes Element.
Wärmendes und erleuchtendes
Element.

Erde

Schoß des Lebens,
der Fruchtbarkeit.

Wasser

Lebenselement und Todeselement
zugleich.
Nicht eingrenzbar.
Alle Elemente, der ganze Kosmos,
in einer Person präsent:
Stellvertretung für das Geschaffene.
Krone der Schöpfung.
In ihm versinkt alles ins Unscheinbare:
Nimmt ab, gerät an einen Nullpunkt,
an die Todesgrenze.

baute	Assoziationen von Aktivität, etwas ins Werk setzen.
aus Luft	Das Element des Bauens ist nicht faßbar: Luftschlösser bauen, Utopie und Traum sind irreal und vergeblich.
noch einen Schrei	Hier wird Luft zum Atem, Odem, Lebenshauch, wenn auch als Schrei. Aus dem abnehmenden Körper in letzter Anstrengung herausgepreßt. Menschlich gesprochen: Todesschrei, Ende des Lebens. Der Schrei des Christus ist Hauch des Lebens, Pneuma. Und hauchte den Geist aus und überlieferte das Pneuma: Vater, in deine Hände gebe ich meinen Geist. Schrei des Todes wird zum Ursprung des lebenschaffenden Pneuma.
und das Licht	Aufgang des Neuen im Bild des Lichtes: Licht aus Nacht, Leben aus Tod, Auferstehung aus Sterben, Erhöhung aus Erniedrigung.
im schwarz-umrätselten Laub	Laub, verwelkend, schwarzumrätselt: Zeichen des Vergehens, des Vermoderns. Rätsel: Rätsel des Lebens und

des Todes, von einem bereits gelöst.

der einsamsten Stunde

Tod als Abbruch von Beziehung, letzte personale Einsamkeit: Mein Gott, mein Gott, warum hast du mich verlassen?

wurde ein Auge

Licht wird zum Auge, Licht als Element, das Sehen ermöglicht. Auge als Organ, das aktiv Dinge wahrnimmt.

und sah

Sehend werden: Neue Schöpfung in IHM wahrnehmen.

Golgatha

Dein Tod
hätte genügen sollen
denen, die sich Christen nennen
Dein Tod
hätte enthalten können
alle Tode, die wir kennen
 Alle Tode die wir bringen
 die wir erleiden
 Kyrieleison

Dein Tod
hätte vereinen sollen
alle, die davon erfuhren
Dein Tod
hätte uns helfen können
alle Lebensangst zu nehmen
  Alle Ängste
  die wir bringen
  alle Ängste
  die wir erleiden
  Kyrieleison

Dein Tod
hätte uns, wenn wir wollten
vorbereitet für das Leben
Dein Tod
hätte der Weg sein können
  Ohne Tode
  die wir bringen
  ohne Tode
  die wir erleiden
  Kyrieleison

Hildegard Wohlgemuth

ADORAMUS TE DOMINE

Herr, wir beten dich an

Gemischte Stimmen

Soloverse

1. Christus-Litanei

T: Gesang aus Taizé

M: Jacques Berthier

Übermalungen – Christus-Blicke

In den Bildern von Arnulf Rainer (geb. 1929 in Baden bei Wien) begegnet uns eine eigenwillige Auseinandersetzung mit überlieferten Formen der Malerei. Arnulf Rainer reduziert die Formen auf das Wesentliche. Seine Übermalungen, die ab 1954 sein Werk bestimmen, sind Ausdruck seines Ungenügens am Vorhandenen. Ab 1978 beginnt er mit der Übermalung von Totenmasken – seine Weise, sich mit dem Tod auseinanderzusetzen: Übermalung als Auslöschung, Abwendung, Tabuberührung, clownesker Übermut, Sterbeneugier und Todesmystik.

»Der Tod gibt jedem fragmentarischen Lebenswerk Endgültigkeit, und jedem fertigen Bild fragmentarischen Charakter. Alles wird durch ihn zum provisorischen Anlauf. ER (der Tod) ist das Hauptwerk, da er das Maß aufstellt.« (Günter Rombold)

Auf diese Weise setzt Arnulf Rainer sich auch mit Christusbildern auseinander, zunächst in der Übermalung von Fotografien romanischer und gotischer Kruzifixe: So will er den bereits vorhandenen Ausdruck betonen und steigern. Es sind keine Auftragsarbeiten, die Arnulf Rainer malt, sondern seine Werke entstehen aus persönlicher Betroffenheit. Hinzu kommt die Beschäftigung mit Texten der Mystik, vor allem mit Johannes vom Kreuz und seinen Erfahrungen der »dunklen Nacht«. Die Nichtigkeit des Ich, die Gestaltlosigkeit des Absoluten, das Ausgelöschtwerden des Ich – all das bedeutet für Arnulf Rainer die Vorwegnahme der Hölle. Er will am Beispiel der Malerei diese Welt verlassen und das enthüllen, was als Ersatz für eine mangelnde metaphysische Bindung steht.

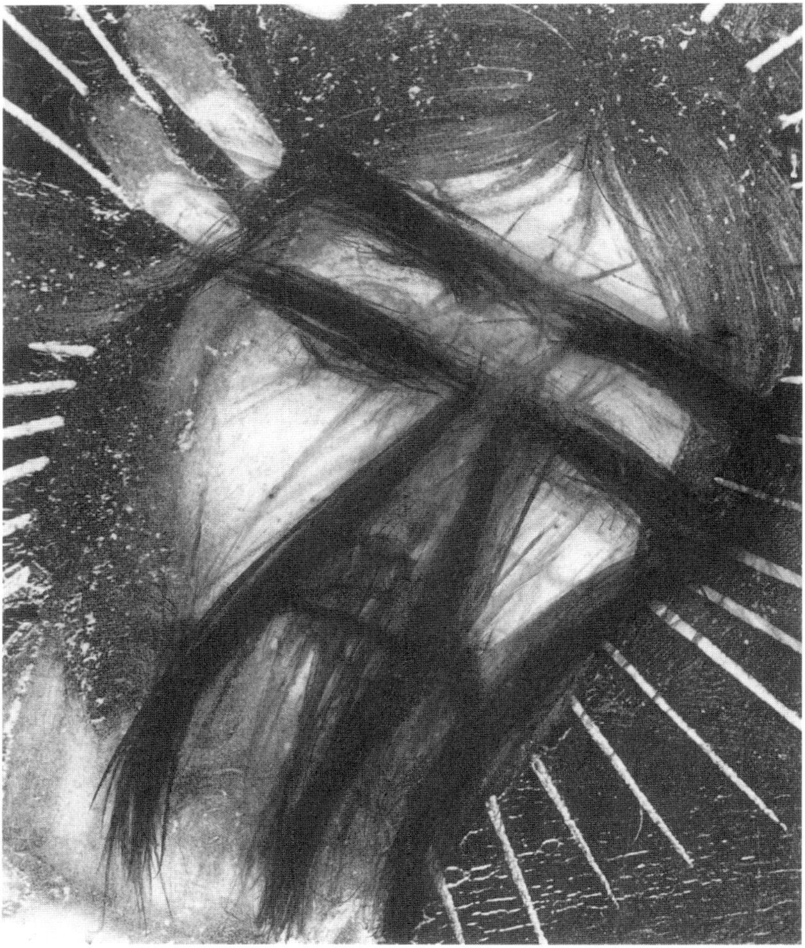

Arnulf Rainer, Übermalung

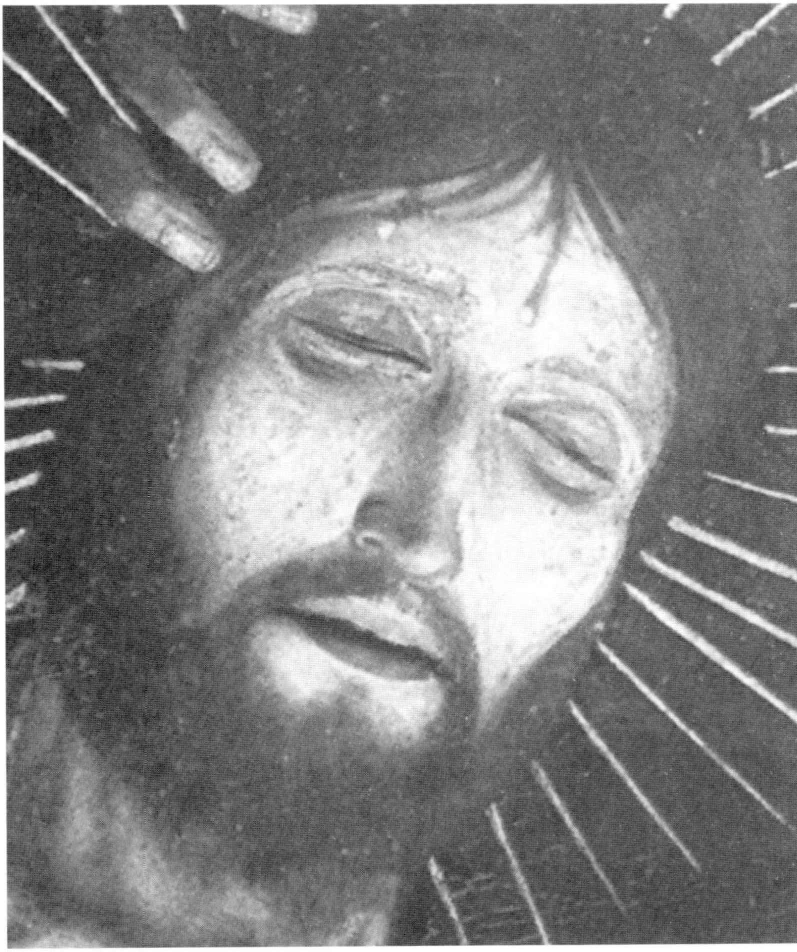

E. Charonton, Pietà von Avignon

Verachtet und von den Menschen gemieden

Das vierte Lied vom Gottesknecht

Seht, mein Knecht hat Erfolg, er wird groß sein und hoch erhaben. Viele haben sich über ihn entsetzt, so entstellt sah er aus, nicht mehr wie ein Mensch, seine Gestalt war nicht mehr die eines Menschen. Jetzt aber setzt er viele Völker in Staunen, Könige müssen vor ihm verstummen. Denn was man ihnen noch nie erzählt hat, das sehen sie nun; was sie niemals hörten, das erfahren sie jetzt.
Wer hat unserer Kunde geglaubt? Der Arm des Herrn – wem wurde er offenbar? Vor seinen Augen wuchs er auf wie ein junger Sproß, wie ein Wurzeltrieb aus trockenem Boden. Er hatte keine schöne und edle Gestalt, so daß wir ihn anschauen mochten. Er sah nicht so aus, daß wir Gefallen fanden an ihm. Er wurde verachtet und von den Menschen gemieden, ein Mann voller Schmerzen, mit Krankheit vertraut. Wie einer, vor dem man das Gesicht nicht verhüllt, war er verachtet; wir schätzten ihn nicht. Aber er hat unsere Krankheit getragen und unsere Schmerzen auf sich geladen. Wir meinten, er sei von Gott geschlagen, von ihm getroffen und gebeugt. Doch er wurde durchbohrt wegen unserer Verbrechen, wegen unserer Sünden zermalmt. Zu unserem Heil lag die Strafe auf ihm, durch seine Wunden sind wir geheilt. Wir hatten uns alle verirrt wie Schafe, jeder ging für sich seinen Weg. Doch der Herr lud auf ihn die Schuld von uns allen. Er wurde mißhandelt und niedergedrückt, aber er tat seinen Mund nicht auf. Wie ein Lamm, das man zum Schlachten führt, und wie ein Schaf angesichts seiner Scherer, so tat auch er seinen Mund nicht auf. Durch Haft und Gericht wurde er dahingerafft, doch wen kümmerte sein Geschick? Er wurde vom Land der Lebenden abgeschnitten und wegen der Verbrechen seines Volkes zu Tode getroffen. Bei den Ruchlosen gab man ihm sein Grab, bei den Verbrechern seine Ruhestätte, ob-

wohl er kein Unrecht getan hat und kein trügerisches Wort in seinem Mund war. Doch der Herr fand Gefallen an seinem zerschlagenen (Knecht), er rettete den, der sein Leben als Sühnopfer hingab. Er wird Nachkommen sehen und lange leben. Der Plan des Herrn wird durch ihn gelingen. Nachdem er so vieles ertrug, erblickt er das Licht. Er sättigt sich an Erkenntnis. Mein Knecht, der gerechte, macht die vielen gerecht; er lädt ihre Schuld auf sich. Deshalb gebe ich ihm seinen Anteil unter den Großen, und mit den Mächtigen teilt er die Beute, weil er sein Leben dem Tod preisgab und sich unter die Verbrecher rechnen ließ. Denn er trug die Sünden von vielen und trat für die Schuldigen ein.

(Jesaja 52,13–53,12)

Golgotha

Wann
wenn nicht
um die neunte Stunde
als er schrie
sind wir ihm
wie aus dem Gesicht geschnitten

Nur seinen Schrei
nehmen wir ihm noch ab
und verstärken ihn
in aller Munde

Eva Zeller

Sieger Köder, Veronika

Nicht nur in der bildenden Kunst, sondern auch in der modernen Jesuslyrik begegnet uns das Antlitz des am Kreuz Geschundenen. Eva Zeller stellt ihn uns in ihrem Passionsgedicht vor Augen. Wir sind sein Spiegelbild, wie »aus dem Gesicht geschnitten«. Wer diesen Jesus anschaut, findet und erkennt sich selbst. Sein Schrei, den wir ihm noch abnehmen, ist Echo der vielstimmigen menschlichen Schreie. Er wird verstärkt durch die Klagerufe und Todesseufzer ungezählter Menschen unserer Zeit: Vergegenwärtigung des für uns geopferten Jesus, der in uns schreit und leidet.

Schritte auf meinem Weg

Mit den Händen übermalen: Was zunächst eine Technik ist, kann zur Chiffre werden für unseren Umgang mit Christusbildern.
Wie nähere ich mich dem Bild Christi?
Welche »Berührungen« mit dem Christusbild lasse ich zu, welche wehre ich ab?
In welcher Weise versuche ich, Christus zu »umkreisen« und zu »durchdringen«?

Sein Schrei – auch in meinem Mund?

Sei mir gnädig, JHWH, denn ich bin bedroht;
vor Angst zerfallen mir Auge, Seele und Leib.
In Qual verzehrt sich mein Leben,
meine Jahre verrinnen in Stöhnen.
Meine Kraft zerfällt in Elend,
meine Knochen zerbrechen.

Zum Spott bin ich geworden all meinen Feinden,
ein Hohn den Nachbarn, ein Schrecken den Freunden,
wer mich auf der Straße sieht, der läuft vor mir weg.
Vergessen bin ich, aus dem Sinn wie ein Toter,
bin geworden wie ein zerbrochenes Gefäß.
Ich höre das Zischeln der Menge – Grauen ringsum.
Sie tun sich gegen mich zusammen,
sie sinnen darauf, mir das Leben zu nehmen.
Viele Stiere umkreisen mich,
Büffel von Baschan umdrängen mich,
sie sperren gegen mich ihren Rachen auf,
reißende und brüllende Löwen.
Wie Wasser bin ich hingeschüttet,
gelöst haben sich all meine Knochen.
Mein Herz ist in meinem Leib wie Wachs zergangen.
Ich kann all meine Knochen zählen.
Sie gaffen und weiden sich an mir,
sie teilen sich meine Kleider
und werfen das Los um mein Gewand.
Ein Wurm bin ich für sie, kein Mensch ...

(Psalm 31,10–14; 22,13–15.18–19.7)

Könnte ich diese Psalmverse zu meinem persönlichen Gebet machen oder sie stellvertretend für andere Menschen vor Gott aussprechen?
Wer ist das »Ich«, das hier schreit?
Wer ist die »zischelnde Menge«?
Wer sind die »Büffel« und »Stiere«?

Christus als Wegweiser

Augen-Blicke der Versöhnung

Versöhnung stiften und erfahren, das gehört unaufgebbar zu unserem Christsein. Maßstab für unsere Versöhnungsbereitschaft ist Jesus Christus. Wenn wir ihm auf Wegen der Versöhnung nachfolgen, bedürfen wir der vorurteilslosen Offenheit gegenüber den anderen. Immer ist die Zeit des Neubeginns geschenkt. Wenn wir auch an der unversöhnten Vergangenheit zwischen Völkern und einzelnen Menschen leiden, sollte uns die Hoffnung zu »Dennoch-Menschen« (Hilde Domin) machen, die unbeirrt den Weg der Versöhnung gehen.

Auf diesem Weg hat auch das Gebet, insbesondere das Fürbittgebet, seinen Ort. Es macht demütig, weil es heilsam an den eigenen Schuldanteil erinnert, der menschliche Beziehungen stört und belastet. Im Gebet muß deshalb der Mut aufgebracht werden, die eigene Schuldgeschichte im Angesicht Gottes aufzuarbeiten.

Christus als Wegweiser

Die Plastik der polnischen Volkskunst kündet Versöhnung. Christus ist der Wegweiser, umarmt von einer Gestalt, die zu ihm aufschaut. Hier begegnen sich göttliche und menschliche Versöhnungsbereitschaft. Der Blick des Gekreuzigten schaut nach rückwärts, auf den Weg der Schuldgeschichte, die ihn ans Kreuz gebracht hat. Der Blick der Menschengestalt schaut nach oben, in das Antlitz des Gekreuzigten, denn vom Kreuz aus ist für den

Christus als Wegweiser (aus Polen)

Menschen ein neuer Weg eröffnet. Er kommt aus der vergangenen Schuld, aber diese ist als auferstandenes Leben in den neuen Weg einbezogen. So wird sichtbar, daß sich der Kreuzweg in einen Auferstehungsweg verwandelt hat.

Versöhnung schafft ein Vorher und ein Nachher: Der eine Pol sind diese Erfahrungen: das Entzweite, das Feindliche, das Gekreuzigte, das Ermordete, das Hingerichtete, das Zerrissene. Der andere, auf Zukunft gerichtete Pol dieser Beziehung heißt: Hoffnung, Solidarität, Heilung, Auferstehung, Einheit, Versöhnung.

Sich bekehren – umkehren

Die innere Dynamik von Versöhnung lautet sich bekehren, umkehren. Sie ist eine intensive Form von Begegnung: Ich wende mich einem anderen zu, lasse mich auf sein Denken ein und setze Gesten, die Vertrauen wecken. In dieser Haltung begebe ich mich mit ihm auf einen gemeinsamen Lernweg.

Gestehen wir es uns offen ein: Versöhnung als Geste erneuter Zuwendung fällt uns nicht leicht. In diese Empfindung hinein spricht das Gedicht von Martin Gutl.

Die anderen

Sie essen neben uns,
sie reden neben uns,
sie schweigen neben uns,
sie feiern neben uns,
sie trauern neben uns,
sie verbittern neben uns,
sie verzweifeln neben uns.

Wie anders sind sie wirklich?
Sie haben andere Ansichten
über Politik und Religion
über Fußball und Musik.
Sie machen andere Witze,
sie tragen andere Kleider,
sie richten ihre Häuser anders ein.

Weil sie äußerlich anders sind,
sind sie uns fremd.

Im Grunde sind sie uns ähnlich.
Alle haben Sehnsucht nach Liebe.

Doch so gründlich denkt man nicht.
Noch immer quält uns
das ererbte Vorurteil
wie eine Erbschuld.

Martin Gutl

Versöhnung ist nicht Ergebnis unserer Leistung, sie lebt vom absichtslosen Blick auf den anderen, vom nicht berechnenden Wohlwollen, vom Ja-Sagen zu seiner Fremdheit und Andersheit. Wer bereit ist, sich mit dem Unscheinbaren und Absichtslosen zu begnügen, dem wird Versöhnung gelingen.

Wie wenig nütze ich bin

Wie wenig nütze ich bin
ich hebe den Finger und hinterlasse
nicht den kleinsten Strich
in der Luft.

Die Zeit verwischt mein Gesicht,
sie hat schon begonnen.
Hinter meinen Schritten im Staub
wäscht Regen die Straße blank
wie eine Hausfrau.

Ich war hier.
Ich gehe vorüber
ohne Spur.
Die Ulmen am Weg
winken mir zu wie ich komme,
grün blau goldener Gruß,
und vergessen mich,
eh ich vorbei bin.

Ich gehe vorüber –
aber ich lasse vielleicht
den kleinen Ton meiner Stimme,
mein Lachen und meine Tränen
und auch den Gruß der Bäume im Abend
auf einem Stückchen Papier.

Und im Vorbeigehn,
ganz absichtslos,
zünde ich die eine oder andere
Laterne an
in den Herzen am Wegrand.

Hilde Domin

2. Daß das Leben nicht verging, soviel Blut auch schreit, achtet dieses nicht gering in der trübsten Zeit. Achtet dieses nicht gering in der trübsten Zeit.

3. Tausende zerstampft der Krieg, eine Welt vergeht. Doch des Lebens Blütensieg leicht im Winde weht. Doch des Lebens Blütensieg leicht im Winde weht.

4. Freunde, daß der Mandelzweig sich in Blüten wiegt, bleibe uns ein Fingerzeig, wie das Leben siegt. Bleibe uns ein Fingerzeig, wie das Leben siegt.

T: Schalom Ben-Chorin M: Lele Oppenheimer

Schritte auf meinem Weg

Gesten der Versöhnung in meinem Leben:
- die ausgestreckte Hand ergreifen;
- das erste Wort sprechen;
- aufeinander zugehen;
- ein Zeichen der Freundschaft schenken.

Als Versöhnte(r) zum Gottesdienst gehen.
Löse ich ein, was das Schriftwort sagt?

Wenn du deine Opfergabe zum Altar bringst und dir dabei einfällt, daß dein Bruder etwas gegen dich hat, so laß deine Gabe dort vor dem Altar liegen; geh und versöhne dich zuerst mit deinem Bruder, dann komm und opfere deine Gabe.
Schließ ohne Zögern Frieden mit deinem Gegner, solange du mit ihm noch auf dem Weg zum Gericht bist. Sonst wird dich dein Gegner vor den Richter bringen, und der Richter wird dich dem Gerichtsdiener übergeben, und du wirst ins Gefängnis geworfen. Amen, das sage ich dir: Du kommst von dort nicht heraus, bis du den letzten Pfennig bezahlt hast.

(Matthäus 5,23–26)

Weg in die Freiheit

Das Evangelium des Magnificat

Im Magnificat, dem Psalm Mariens, entdecken wir eine Frau, die eine Botschaft zu verkünden hat. Sie tut dies als jüdische Frau, die aus der Tradition des Ersten Bundes und seiner Heilserwartung lebt und die als Sängerin dieses Liedes den Neuen Bund verkörpert. Deshalb werden in den folgenden Anregungen Texte zur Sprache kommen, in denen diese Kontinuität mit dem Alten sichtbar und zugleich dessen Überbietung erkennbar wird.

In den vorgeschlagenen biblischen Texten sind Frauen die Sängerinnen und Botinnen der Heilstaten Gottes: Freudenbotinnen, Evangelistinnen und Prophetinnen. Die Texte dürfen aber nicht nur auf diese Frauen selbst bezogen werden, sondern sie zielen letztlich auf Gottes Handeln, auf sein Erbarmen, seine Gerechtigkeit und seine Treue. Ihre prophetische Kraft hat bis heute nichts an ihrer Wirkung eingebüßt, nur haben wir sie vielleicht noch zu wenig entdeckt. Das Evangelium dieser Frauen besingt auch das barmherzige Handeln Gottes an uns selbst.

Mirjam und die israelitischen Frauen

Im Siegeslied am Schilfmeer wird die Befreiungstat Jahwes gepriesen: Er hat Israel aus der Knechtschaft der Ägypter errettet. Mirjam hat die Gabe, ein bestimmtes Geschehen ihrer Zeit als Handeln Jahwes zu deuten. In ihrem Hymnus besingt sie Jahwe und fordert alle auf, darin einzustimmen. Mirjam ist Prophetin für das Volk, nicht für sich.

Einleitend zu diesem Lied heißt es deshalb auch: Die Prophetin Mirjam, die Schwester Aarons, nahm die Pauke in die Hand, und alle Frauen zogen mit Paukenschlag und Tanz hinter ihr her. Mirjam sang ihnen vor.

Der Herr ist König für immer und ewig.
Denn als die Rosse des Pharao mit Wagen und Reitern ins Meer zogen, ließ der Herr das Wasser des Meeres auf sie zurückfluten, nachdem die Israeliten auf trockenem Boden mitten durchs Meer gezogen waren. Die Prophetin Mirjam, die Schwester Aarons, nahm die Pauke in die Hand, und alle Frauen zogen mit Paukenschlag und Tanz hinter ihr her. Mirjam sang ihnen vor:
Singt dem Herrn ein Lied,
denn er ist hoch und erhaben!
Rosse und Wagen warf er ins Meer.

(Exodus 15,18–21)

Mirjam ist die herausragende Gestalt, die übrigen Frauen erscheinen als ihre Begleitung. Auf sie könnte ein Wort angewandt werden, das eine spätere »Prophetin« des frühen Mittelalters, Mechthild von Magdeburg († 1214), sagt: »Ich tanze, Herr, wenn du mich führst!«

Ganz Rhythmus, Klang, Tanz und Ekstase: Alles ist bei Mirjam eingebunden in den prophetischen Gesang. Das Tambourin als Tanzinstrument nimmt den Rhythmus auf und gibt ihn zurück an die Gestalt: Klang wird in Bewegung übersetzt, Bewegung in Klang.

Sieger Köder zeigt in seinem Bild eine Frau, die die Befreiungstat Jahwes feiert. Jahwe hat die Nomadenstämme aus dem Sklavenhaus Ägypten herausgeführt. Die Wogen des Meeres sind als Wall aufgetürmt. Sie ragen hinter Mirjam auf und geben den

Sieger Köder, Mirjam nahm die Pauke in die Hand

Blick auf die Pyramiden am Horizont frei. Macht des Gesangs gegen die Macht des ohnmächtigen Pharao.

Wer im Vertrauen auf Jahwes starken Arm den Aufbruch wagt und wie Mirjam den Blick auf das Antlitz Jahwes richtet, braucht selbst nicht mehr auf den Weg zu achten. In Mirjams tanzenden Schritten ist die Schwerkraft der Erde bereits überwunden und damit alles, was in Sklaverei und Knechtschaft an diese Erde kettet. Im Farbbild wird sichtbar, wie der göttliche Glanz des Goldes Mirjam durchglüht: Gesicht, Arme, Beine und Gewand leuchten in diesem Licht. Mit Leib und Seele ist sie Instrument geworden, durch das hindurch das Siegeslied auf Jahwes Macht ertönt.

Mirjam gehört zur ersten Generation des Gottesvolkes. Sie ist von Jahwe ergriffen und als Prophetin berufen. So bezeugt sie das Evangelium des Ersten Bundes: Die Botschaft der Freiheit auf dem Weg in die Zukunft.

Mirjam ist unsere Schwester im Glauben. Sie lädt uns ein, daß auch wir mit Leib und Seele unseren Glauben bezeugen und tanzen. Ein Lied aus unserer Zeit läßt uns mit Mirjam das Lob Jahwes singen:

MIRJAM - LIED

(ruhiges Tempo)
1. Im Lan - de der Knechtschaft, da leb - ten sie lang, in
2. Die Nar - ben der Knechtschaft an Schul - tern und Knien, die
3. Die Ban - de der Knechtschaft, die fall'n lang - sam ab, die
frem - de Ge - fil - de ver - bannt, ver - ges - sen die
Blik - ke ver - hal - ten und scheu, die Rük - ken ge -
Schrit - te ver - ler - nen den Trott. Ent - wach - sen den
Frei - heit, ver - stummt ihr Ge - sang und die Hoff - nung ver -
beugt noch, so ziehn sie da - hin, und die Frei - heit ist
Ket - ten, ent - stie - gen dem Grab: das Le - ben be -
gra - ben im Sand. Nur heim - lich im
dro - hend und neu. Es lockt die Ver -
sieg - te den Tod. Ihr Weg ist noch
Her - zen, da heg - ten sie bang den Traum vom ge -
su - chung, zu - rück zu fliehn in die Si - cher - heit
weit, doch sie ha - ben die Kraft, denn in ih - ren
Refrain: (schneller werdend)
lob - ten Land. Doch: Mir - jam, Mir - jam
der Skla - ve - rei. Doch: Frau - en tanz - ten,
Her - zen ist Gott. Denn:

T u. M: Claudia Mitscha-Eibl

Freudenbotin für Jerusalem

Der Prophet Jesaja eröffnet das Evangelium des Ersten Bundes mit der Botschaft vom befreienden Handeln Jahwes:

Steig auf den hohen Berg,
Zion, du Botin der Freude.
Erheb deine Stimme mit Macht,
Jerusalem, du Botin der Freude!
Erheb deine Stimme,
fürchte dich nicht!
Sag den Städten in Juda:
Seht, da ist euer Gott.
(Jesaja 40,9)

Die Freudenbotin/Evangelistin ist jene, die dem Kommen des Herrn vorauseilt und die Königsherrschaft Gottes verkündet. Seine Herrschaft beginnt mit dem Exodus der Erlösten aus Babylon, dem heilsgeschichtlichen Gegenstück zum uralten Auszug Israels aus Ägypten. Er steht in gewisser Parallele dazu und überbietet ihn zugleich.

An anderer Stelle sagt der Prophet, daß Jahwe selbst sein Volk geleiten wird. Neues und Größeres bahnt sich an, und deshalb soll Israel das »Frühere« vergessen:

Denkt nicht mehr an das,
was früher war;
auf das, was vergangen ist,
sollt ihr nicht achten.
Seht her, nun mache ich
etwas Neues.
Schon kommt es zum Vorschein,
merkt ihr es nicht?

Ja, ich lege einen Weg ein durch die Steppe
und Straßen durch die Wüste.
(Jesaja 43,18f.)

Hier tastet der Prophet das Urbekenntnis Israels an. So schroff und radikal hat bislang noch niemand das Frühere für unbedeutend erklärt. Es ist nur Vorausbild für Größeres, für das endzeitliche Heil, das von universaler Bedeutung ist.

Das *alte* Evangelium des Deuterojesaja ruft die Siegesnachricht vom Sturz der Mächtigen aus, singt den Lobpreis auf Jahwes Macht und verkündet, daß sich Verbannung in Heimkehr wandelt.
Dieses Evangelium des Deuterojesaja vollendet sich im *ersten* Evangelium des *neuen* Bundes, im Magnificat.

Mirjam aus Nazaret –
erste Evangelistin des Neuen Bundes

Der Text des Magnificat ist uns schon allzusehr bekannt, und deshalb überlesen wir manches, was er uns als Evangelium verkünden will. Entdecken wir als erstes anhand der vorliegenden Fassung, wie er ganz aus dem alttestamentlichen Glauben gespeist ist. Wie ein Teppich ist er aus den Fäden des Ersten Bundes gewoben und steht damit im Zentrum des alten Evangeliums. In der 1. Strophe berichtet Maria, was sie selbst tut. In der 2. Strophe gibt sie Gott die Ehre, und im Amen, dem Schluß, bestätigt sie: So sei es! Hier wird Glaube in Form eines Hymnus bekannt. Berechnende und definierende Sprache greift zu kurz. Die hymnische Form überwindet das Alte, läßt das Neue sehen und macht das übliche Gerede kalt. Es gibt Ereignisse, von denen man nur singen und dichten kann!

1. Strophe

Meine Seele preist die Größe des Herrn,	Mein Herz ist voll Freude über den Herrn. 1 Sam 2,1
und mein Geist jubelt über Gott, meinen Retter.	Ich will jubeln und über deine Huld mich freuen. Ps 31,8
	Meine Seele aber wird jubeln über den Herrn ... Ps 35,9
	Dennoch will ich jubeln über den Herrn und mich freuen über Gott, meinen Retter. Hab 3,18
Denn auf die Niedrigkeit seiner Magd hat er geschaut.	Denn du hast mein Elend angesehn, du bist mit meiner Not vertraut. Ps 31,8
	Sie (Lea) sagte: Der Herr hat mein Elend gesehen. Gen 29,32
	Herr der Heere, wenn du das Elend deiner Magd ansiehst ... 1 Sam 1,11
	Ihm, der in der Höhe thront, der hinabschaut in die Tiefe. Ps 113,6

Ja, der Herr ist erhaben; doch er schaut auf die Niedrigen.
Ps 138,6

Siehe, von nun an preisen mich selig alle Geschlechter!

Da sagte Lea: Mir zum Glück. Denn die Frauen werden mich beglückwünschen.
Gen 30,1

Denn der Mächtige hat Großes an mir getan,

Er ist dein Lobgesang, er ist dein Gott. Für dich hat er all das Große und Furchterregende getan.
Dtn 10,21

Ja, Großes hat der Herr an uns getan.
Ps 126,3

und sein Name ist heilig.

Furchtgebietend ist sein Name und heilig.
Ps 111,9

Er erbarmt sich von Geschlecht zu Geschlecht über alle, die ihn fürchten.

Denn so hoch der Himmel über der Erde ist, so hoch ist seine Huld über denen, die ihn fürchten.
Ps 103,11 (ebenso 103,13.17)

2. Strophe

Er vollbringt mit seinem Arm machtvolle Taten: Er zerstreut, die im Herzen voll Hochmut sind;

Frohlocken und Jubel erschallt in den Zelten der Gerechten: »Die Rechte des Herrn wirkt mit Macht! Die Rechte des Herrn ist erhoben, die Rechte des Herrn wirkt mit Macht!«
Ps 118,15f.

er stürzt die Mächtigen vom Thron und erhöht die Niedrigen.

Rahab hast du durchbohrt und zertreten, deine Feinde zerstreut mit starkem Arm.
Ps 89,11

Der Herr hilft den Gebeugten auf und erniedrigt die Frevler.
Ps 147,6

Der Herr macht arm und macht reich, er erniedrigt, und er erhöht.
1 Sam 2,7

Ich mache den hohen Baum niedrig, den niedrigen mache ich hoch.
Ez 17,24

So spricht Gott, der Herr: Weg mit dem Turban, herunter mit der Krone! Nichts soll bleiben, wie es ist. Das Niedrige wird hoch, das Hohe wird niedrig!
Ez 21,31

Gott stürzt den Thron der Stolzen und setzt an ihre Stelle die Demütigen.
Sir 10,14

Die einen von ihnen segnete und erhöhte er, die einen heiligte er und ließ sie sich nahe kommen; die anderen verfluchte und erniedrigte er und stieß sie aus ihrem Amt.
Sir 33,12

... um das Niedere hoch zu erheben, damit Trauernde glücklich werden.
Ijob 5,11

Die Hungernden beschenkt er mit seinen Gaben und läßt die Reichen leer ausgehen.

... weil er die lechzende Seele gesättigt, die hungernde Seele mit Gaben erfüllt hat.
Ps 107,9

Er nimmt sich seines Knechtes Israel an und denkt an sein Erbarmen,

Du, mein Knecht Israel, du, Jakob, den ich erwählte, Nachkomme meines Freundes Abraham ...
Jes 41,8

das er unsern Vätern verheißen hat, Abraham und seinen Nachkommen auf ewig.
Lk 1,46–55

Du wirst Jakob deine Treue beweisen und Abraham deine Huld, wie du unseren Vätern geschworen hast in den Tagen der Vorzeit.
Mi 7,20

Ich schließe meinen Bund zwischen mir und dir samt deinen Nachkommen, Generation um Generation, einen ewigen Bund.
Gen 17,7

Abraham soll doch zu einem großen, mächtigen Volk werden, durch ihn sollen alle Völker der Erde Segen erlangen.
Gen 18,18

Ich will dir Segen schenken in Fülle und deine Nachkommen zahlreich machen wie die Sterne am Himmel und den Sand am Meeresstrand.
Gen 22,17

Als Evangelistin stellt Maria das neue Israel dar, das aus Gottes mächtiger Befreiungstat lebt. Dagegen stehen die Hochfahrenden, die Mächtigen, die vom Heil Ausgeschlossenen. Sie besingt das Handeln Gottes, das in der Geschichte erfahren wird.
Jahwe verwirft alle Mächtigen. Jahwe erwählt die Geringen. Jahwe hat Mirjam aus Nazaret als Ersterwählte berufen.
Ihre Erwählung bedeutet den Anfang vom Ende der menschlichen Herrschaftsgeschichte.
Sie ist »Evangelistin« der endzeitlichen Hoffnung, die bereits jetzt eingelöst wird.
In ihr sind auch wir erwählt, berufen als Söhne und Töchter Gottes.
Auch in unserem Leben soll deutlich werden, daß die »Opposition« der Mächtigen überwunden ist.
Auch wir sollen erfahren, daß im Licht dieses Sieges die üblichen Rollen radikal vertauscht werden.
Maria verkündet diese Botschaft »im Geist«, der sie bewegt. Sie gibt nach prophetischer Art kund, was der Geist in ihr auslöst. Die alttestamentliche Prophetie vom Zion, der Mutter der Völker, verkörpert sich in ihr.

Magnificat
Das Evangelium im Abendlob der Kirche

Heute ist es die Kirche, die als »Mutter der Völker« diese Prophetie Mariens weitersingt und verkündet. In ihrem Abendlob erklingt jeden Tag dieser Hymnus. Alle, die ihn mitsingen, stellen sich in diese prophetische Tradition des Ersten Bundes und seiner Erfüllung durch Christus.

Heimsuchung

MAGNIFICAT

1. Meine Seele preist die Größe des Herrn, *
und mein Geist jubelt über Gott, meinen Retter.
2. Denn auf die Niedrigkeit seiner Magd hat er geschaut. *
Siehe, von nun an preisen mich selig alle Geschlechter!
3. Denn der Mächtige hat Großes an mir getan, *
und sein Name ist heilig.
4. Er erbarmt sich von Geschlecht zu Geschlecht *
über alle, die ihn fürchten.
5. Er vollbringt mit seinem Arm machtvolle Taten: *
er zerstreut, die im Herzen voll Hochmut sind;
6. er stürzt die Mächtigen vom Thron *
und erhöht die Niedrigen.
7. Die Hungernden beschenkt er mit seinen Gaben *
und läßt die Reichen leer ausgehn.
8. Er nimmt sich seines Knechtes Israel an *
und denkt an sein Erbarmen,
9. das er unsern Vätern verheißen hat, *
Abraham und seinen Nachkommen auf ewig.
10. Ehre sei dem Vater und dem Sohn *
und dem Heiligen Geist,
11. wie im Anfang, so auch jetzt und alle Zeit *
und in Ewigkeit. Amen.

Kehrvers

T: Einheitsübersetzung Lk 1, 46-55 M: Josef Seuffert

Schritte auf meinem Weg

Ich versuche, in den Gesang des Magnificat einzustimmen.
In welchem Vers verdichtet sich für mich das Evangelium des Magnificat?
Zu welcher Erfahrung meines Lebens gehört er?
Welches Gottesbild verbirgt sich für mich darin?

Einladung zum Gebet

Erbarmender Gott,
in Maria hast Du aus den Frauen dieser Erde unsere Schwester erwählt, Mutter Deines Sohnes zu werden. Mit unbestechlicher Klarheit und Hoheit steht sie inmitten Deines Volkes und besingt Dein Erbarmen. Laß auch uns wie sie prophetisch Dein befreiendes und erlösendes Handeln vor der Welt bezeugen: den neuen Anfang für Schöpfung und Mensch, den Du uns in Deinem Sohn geschenkt hast. Laß die Armen entdecken, daß sie in der Erwählung Marias mit erwählt und zur Freiheit gerufen sind. Das gewähre uns auf die Fürbitte Marias im Namen Deines Sohnes, unseres Bruders und Herrn, der mit Dir und dem Heiligen Geist lebt und herrscht in Ewigkeit. Amen.

Weg der Verwandlung

Brotlandschaft – Fruchtknoten – Weizenkorn

Die Folge dieser drei Bilder/Worte spiegelt ihren inneren Zusammenhang: Es ist einmal eine Bewegung hinab, nach unten, in die Tiefe, in die Erde, in das Vergehen, in den Ursprung, in das Sterben; sodann die andere Bewegung: Sie steigt aus der Tiefe in die Höhe und Weite der Landschaft, der Brotlandschaft. Damit ist ein Vorgang der Natur angedeutet, der uns vertraut ist. Aus dem Korn wächst der Halm, daraus die Ähre mit dem Korn, und dieses wird zu Brot. Dennoch: Die eindimensionale Betrachtung wird dem Weg der Verwandlung nicht gerecht. Hier geht es um »mehr als«, es geht um den Mehr-Wert des konkreten Kornes, des konkreten Fruchtknotens, der konkreten Landschaft.

Diese Bewegungen werden in zwei Bildern sichtbar: »Brotlandschaft« von Sieger Köder und »Fruchtknoten« von Roland Peter Litzenburger. Sie laden ein, unseren Ort in diesem Prozeß der Verwandlung zu entdecken und in unserem Leben fruchtbar zu machen.

Sieger Köders »Brotlandschaft« entfaltet vor unserem Blick eine Tiefendimension, die über den natürlichen Acker hinausweist. Landschaft ist zunächst eine Gegend, eine Geländeeinheit, ein abgeschlossenes Gebiet. Als Lebensraum und Lebensfeld des Menschen ist sie Voraussetzung zum menschenwürdigen Leben und Wachsen. Der umgrenzende Horizont schließt sie ein. Diese Landschaft wird von Sieger Köder zur Brotlandschaft umgewandelt, und so verdichtet sich im Symbol noch einmal, daß Landschaft Lebensraum des Menschen ist, sie ist der Raum des Bro-

Sieger Köder, Brotlandschaft

tes, und nur solange der Mensch Brot zum Leben hat, ist Landschaft für ihn Lebensraum. Die Farben, die Sieger Köder im Original seiner Brotlandschaft gibt, sind sehr symbolträchtig.

Sofort fällt das leuchtende Gold der Ähren ins Auge. Das reife Ackerfeld nimmt den größten Raum in dieser Landschaft ein. Vorn ist ein weißes Tuch ausgebreitet, darauf ein paar Körner hineingestreut und ein Brotlaib, der bereits zum Teilen geschnitten ist. In der Bildmitte liegt das gebrochene Brot der Eucharistie, und alles ist überwölbt vom blauen Himmelsegment im Hintergrund.

So werden Himmel, Ackerfeld und Brot eins. Hier ist ein Gottesacker, ein Acker, auf dem Brot nicht nur für das irdische Leben wächst, sondern auch für das unvergängliche Leben. Die Bezeichnung »Gottesacker«, die sonst für die Ruhestätte der Toten gebraucht wird, greift diese Symbolik der Brotlandschaft auch sprachlich auf. Gräber werden zum Acker, Tod wird Fruchtboden für das Leben.

Auf diese Weise wird das Bild transparent für das Sakrament der Eucharistie. Die Feier von Tod und Auferstehung ist in den Symbolen der Brotlandschaft dargestellt, denn Brot und Ähre, Saat und Ernte stehen in Analogie zu Sterben und Auferstehen.

In der Symbolwelt, die sich um den Ackerbau rankt, ist die Ähre das verbreitetste Motiv: In ihr ist das Korn zu neuem Leben erstanden und wird im Brot – wiederum durch einen Verwandlungsprozeß – erneut zum Lebens-Mittel. In den Mysterienkulten begegnet bereits diese Symbolik: In Eleusis wurde auf dem Höhepunkt der Mysterien eine im Schweigen gemähte Ähre gezeigt als Symbol der auferstandenen Kore und des Lebens, das die Mythen nach dem Tod erwartete. Kore ist das Kornmädchen, Tochter der Erd- und Vegetationsgöttin Demeter. Auch im Kult des Mithras sind Weizenähre und Brot Symbole der Verwandlung und des neuen Lebens. Dieser Blick auf die mythische Überlieferung läßt sich durch Riten und Symbole aus dem Kult der Ägypter ergänzen. Brot ist Speise der Toten; sie hungern nach dem Brot des Lebens: Korn wird zum Symbol für die lebenerhaltenden Kräfte, ja für Leben überhaupt. Die Darstellungen von Getreideanbau übertreffen an Zahl alle anderen Szenen in ägyptischen Gräbern. Der Vegetationsgott Osiris offenbart sich für den Ägypter im Getreide. Aus seinem Leib wächst das Korn, ein Sinnbild des auferstandenen Osiris. In Gestalt der sprießenden Saat schenkt er den Menschen Heil und Leben, vor allem den Toten. So wird Osiris selbst zum lebenspendenden Acker.

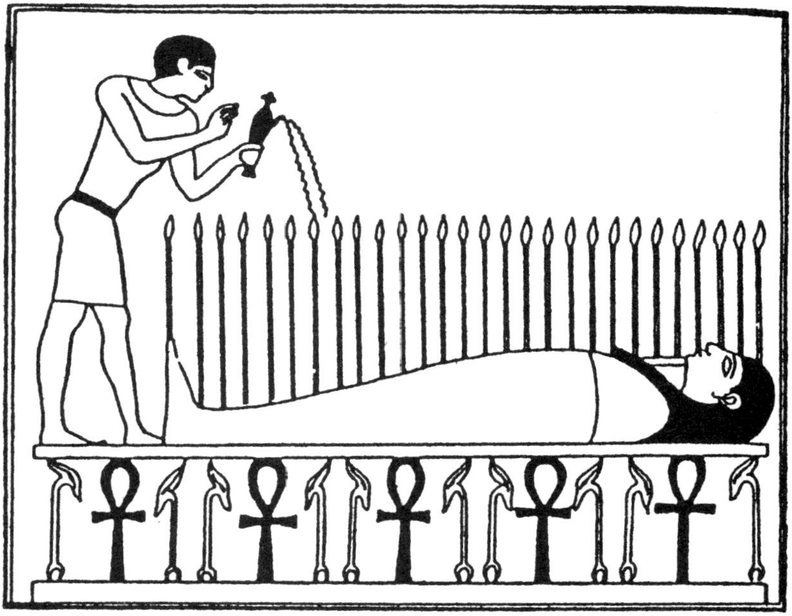

Osiris

In einem Spruch der Sargtexte sagt der Tote:

Ich lebe, ich sterbe: Ich bin Osiris.
Ich bin eingetreten in dich und bin herausgekommen aus dir.
Ich bin fett geworden in dir, ich bin gewachsen in dir.

Ich lebe, ich sterbe, ich bin die Gerste, nicht vergehe ich!

Roland Peter Litzenburger, Fruchtknoten – das Weizenkorn, das in die Erde fällt

Fruchtknoten

Wer dieses Bild lange anschaut und meditiert, entdeckt ungewohnte Zusammenhänge. Es ist wie eine Bildformel für durchkreuzte Lebenswege, die nicht im Tod enden, sondern in unvergängliches Leben führen.

Das ovale Rund des Gesamtbildes ist wie ein Fruchtknoten, der im Keim das werdende Lebewesen in sich enthält. Der Querschnitt gibt den Blick in das Innere des Fruchtknotens frei. Drei Gestalten, in sitzender Haltung, schieben sich ineinander wie zu einem Leib. Die Gesichter der beiden äußeren richten sich auf das mittlere. Ein Arm von rechts und von links verharren in der Gebärde des Empfangens. Drei Beine sind wie im Boden verwurzelt. All das ist geborgen in einem Fruchtgehäuse, dessen untere Öffnung in die Erde hineinwächst und aus ihr Lebenskräfte aufnimmt. Über diesem Bild liegt eine eigenartige Fremdheit: Menschen im Fruchtknoten, die in ihre endgültige Gestalt hineinwachsen.

Die Bildzeichen werden durch den ergänzenden Titel »Weizenkorn, das in die Erde fällt« in den Zusammenhang des Wortes Jesu gebracht: Amen, amen, ich sage euch: Wenn das Weizenkorn nicht in die Erde fällt und stirbt, bleibt es allein; wenn es aber stirbt, bringt es reiche Frucht. (Joh 12,24)

Im offenen Fruchtknoten schauen wir diesen Prozeß der Verwandlung von einer alten Gestalt in eine neue wie beim Weizenkorn. Die erste Frucht des sterbenden Korns ist Jesus Christus als Auferstandener. Sein durchkreuzter Lebensweg führt ihn in jene Stunde, in der er vom Vater verherrlicht werden sollte. (Vgl. Joh 12,23)

Mit unserem menschlichen Auge nehmen wir ihn als »Fremdling in Jerusalem« (vgl. Lk 24,18) wahr, und erst, wenn er unseren Fluchtweg weg von Jerusalem durchkreuzt, gehen uns die Augen auf wie den Emmausjüngern. (Vgl. Lk 24,31)

Deshalb wächst im Fruchtknoten des Bildes aus dem Weizenkorn das österliche Brot, in dem sich der Auferstandene als Weg-Zehrung an die Jünger verschenkt. So wird er selbst wiederum zum »Fruchtknoten«, der in ihnen zu neuer Gestalt heranreifen soll; im Auferstehungsleib am Ende der Zeiten.

Damit gibt das Bild eine letzte Dimension frei. Ist nicht eine ikonographische Verwandtschaft zur Dreifaltigkeitsikone von Andrej Rubljew erkennbar? Sie mag eher zufällig sein, sammelt aber die bisherigen Deutungen ein und vollendet sie. Wenn unser Leben den Tod »durchkreuzt« hat, gewinnt es seine endgültige Gestalt. Wir werden mit unserem einmaligen Namen gerufen, der auf dem Stein eingegraben ist (vgl. Offb. 2,17), den alle empfangen, die zum ewigen Hochzeitsmahl geladen sind. Diese Bildformel für durchkreuzte Lebenswege ist eine Hoffnungsformel. Sie stellt uns vor Augen, unter welchen Wachstumsgesetzen unser Leben steht:

- Sterben und Vergehen;
- Verwandelt-Werden;
- Auferstehen in unsere endgültige Gestalt;
- Leben in Herrlichkeit.

Durchkreuzter Tod

Bis wir dieses Ziel erreichen, leben wir in der Spannung zwischen Leben und Tod. Wir erfahren die kleinen Tode vor dem endgültigen Sterben, aber auch Auferstehungen mitten in unserem Alltag.

Der Apostel Paulus versucht, diesem Geheimnis der Verwandlung auf die Spur zu kommen. Samenkorn, Weizenkorn, die Gestalt der Lebewesen und des Menschen: Alles hat eine vorläufige Gestalt, die am Ende der Zeiten nach dem »Bild des Himmlischen« umgewandelt wird.

Die Vollendung des Heils bei der Auferstehung

Nun könnte einer fragen: Wie werden die Toten auferweckt, was für einen Leib werden sie haben? Was für eine törichte Frage! Auch das, was du säst, wird nicht lebendig, wenn es nicht stirbt. Und was du säst, hat noch nicht die Gestalt, die entstehen wird; es ist nur ein nacktes Samenkorn, zum Beispiel ein Weizenkorn oder ein anderes. Gott gibt ihm die Gestalt, die er vorgesehen hat, jedem Samen eine andere. Auch die Lebewesen haben nicht alle die gleiche Gestalt. Die Gestalt der Menschen ist anders als die der Haustiere, die Gestalt der Vögel anders als die der Fische. Auch gibt es Himmelskörper und irdische Körper. Die Schönheit der Himmelskörper ist anders als die der irdischen Körper. Der Glanz der Sonne ist anders als der Glanz des Mondes, anders als der Glanz der Sterne; denn auch die Gestirne unterscheiden sich durch ihren Glanz.
So ist es auch mit der Auferstehung der Toten. Was gesät wird, ist verweslich, was auferweckt wird, unverweslich. Was gesät wird, ist armselig, was auferweckt wird, herrlich. Was gesät wird, ist schwach, was auferweckt wird, ist stark. Gesät wird ein irdischer Leib, auferweckt ein überirdischer Leib. Wenn es einen irdischen Leib gibt, gibt es auch einen überirdischen. So steht es auch in der Schrift: Adam, der Erste *Mensch, wurde ein* irdisches *Lebewesen.* Der Letzte Adam wurde lebendigmachender Geist. Aber zuerst kommt nicht das Überirdische; zuerst kommt das Irdische, dann das Überirdische. Der Erste *Mensch* stammt *von der Erde* und ist *Erde;* der Zweite Mensch stammt vom Himmel. Wie der von der Erde irdisch war, so sind es auch seine Nachfahren. Und wie der Himmel himmlisch ist, so sind es auch seine Nachfahren. Wie wir nach dem Bild des Irdischen gestaltet wurden, so werden wir auch nach dem Bild des Himmlischen gestaltet werden. Damit will ich sagen, Brüder: Fleisch und Blut können das Reich Gottes nicht erben; das Vergängliche erbt nicht das Unvergängliche. Seht, ich enthülle euch ein Geheimnis: Wir werden nicht alle entschlafen, aber wir werden alle verwandelt werden – plötzlich, in einem Augenblick, beim letzten Posaunenschall. Die Posaune wird erschal-

len, die Toten werden zur Unvergänglichkeit auferweckt, wir aber werden verwandelt werden. Denn dieses Vergängliche muß sich mit Unvergänglichkeit bekleiden und dieses Sterbliche mit Unsterblichkeit. Wenn sich aber dieses Vergängliche mit Unvergänglichkeit bekleidet und diese Sterbliche mit Unsterblichkeit, dann erfüllt sich das Wort der Schrift: *Verschlungen ist der Tod vom Sieg. Tod, wo ist dein Sieg? Tod, wo ist dein Stachel?* Der Stachel des Todes aber ist die Sünde, die Kraft der Sünde ist das Gesetz. Gott aber sei Dank, der uns den Sieg geschenkt hat durch Jesus Christus, unseren Herrn. Daher, geliebte Brüder, seid standhaft und unerschütterlich, nehmt immer eifriger am Werk des Herrn teil, und denkt daran, daß im Herrn eure Mühe nicht vergeblich ist.

(1 Korinther 15,35–58)

Schritte auf meinem Weg

Mein Leben als »Brotlandschaft«
Wie erfahre ich in meinem Leben, daß etwas abstirbt?
Gibt es Prozesse meines Lebens, die Verwandlung bewirken?
Habe ich schon entdeckt, welche endgültige »Gestalt« mein Leben haben soll?
Bin ich bereit, auf dieses Ziel hin »tod-ernste« Konsequenzen auf mich zu nehmen?
Lebe ich aus dem Glauben an den »durchkreuzten Tod«?

Textnachweis

S. 16: Nelly Sachs, CHOR DER WANDERNDEN, aus: Fahrt ins Staublose. Die Gedichte der Nelly Sachs
© Suhrkamp Verlag, Frankfurt

S. 22: Ives Raguin, Alles auf einen Esel packen
Quelle unbekannt

S. 31: Christa Peikert-Flaspöhler, Unterwegs nach Emmaus, aus: Christa Peikert-Flaspöhler, Füße hast du und Flügel
© Lahn-Verlag, Limburg, 2.Auflage 1986

S. 50/51: Hilde Domin, Abel steh auf, aus: Hilde Domin, Gesammelte Gedichte
© S. Fischer Verlag GmbH, Frankfurt am Main 1987

S. 54: Nelly Sachs, CHOR DER TRÖSTER, aus: Fahrt ins Staublose. Die Gedichte der Nelly Sachs
© Suhrkamp Verlag, Frankfurt

S. 65/66: Gabriele Markus, Über die Hügel, aus: Wem gehört die Erde. Neue religiöse Gedichte, herausgegeben von Paul Konrad Kurz
© by the author

S. 68: Martin Buber, Die Erzählungen der Chassidim
© Manesse Verlag, Zürich 1949

S. 69: Nelly Sachs, DIE GEKRÜMMTE LINIE des Leidens, aus: Fahrt ins Staublose. Die Gedichte der Nelly Sachs
© Suhrkamp Verlag, Frankfurt

S. 71: Nelly Sachs, HIOB, aus: Fahrt ins Staublose. Die Gedichte der Nelly Sachs
© Suhrkamp Verlag, Frankfurt

S. 76: Aus: Aus dem Leben einer jüdischen Familie. Edith Steins Werke Bd. X
© Archivum Carmelitanum Edith Stein, Bruxelles

S. 90: Aus: Fahrt ins Staublose. Die Gedichte der Nelly Sachs
© Suhrkamp Verlag, Frankfurt

S. 93/94: Hildegard Wohlgemuth, Golgatha, aus: Wem soll ich Rosen schicken
© by the author

S. 101: Eva Zeller, Golgotha, aus: Eva Zeller, Sage und schreibe
© Deutsche Verlags-Anstalt GmbH, Stuttgart 1971

S. 107/108: Martin Gutl, Die anderen, aus: Martin Gutl, Loblied vor der Klagemauer
© Verlag Styria, Graz Wien Köln, 4. Auflage 1990

S. 109: Hilde Domin, Wie wenig nütze ich bin, aus: Hilde Domin, Gesammelte Gedichte
© S. Fischer Verlag GmbH, Frankfurt am Main 1987

Liednachweis

S. 23: Meine engen Grenzen
T: Eugen Eckert
M: Winfried Heurich
Aus: Aus Liebe zum Leben, SU 9980
© Studio Union im Lahn-Verlag, Limburg

S. 32/33: Weglitanei
T: Heinz-Gert Freimuth
M: Paul Ringseisen
© Rechte bei den Autoren

S. 42/43: Suchen und fragen
T: Michael Scouarec
M: Jo Akepsimas / Satz: Heinz-Martin Lonquich
© tvd-Verlag GmbH, Düsseldorf

S. 79: Erhör, o Gott, mein Flehen
T: Edith Stein nach Psalm 61
M: Lyon 1547
© Christophorus-Verlag GmbH, Freiburg

S. 87: O Lord hear my pray'r
T: Gesang aus Taizé
M: Jacques Berthier
© Les Presses de Taizé. Dt.Rechte: Christophorus-Verlag GmbH, Freiburg

S. 95/96: Adoramus te Domine
T: Gesang aus Taizé
M: Jacques Berthier
© Les Presses de Taizé. Dt. Rechte: Christophorus-Verlag GmbH, Freiburg

S. 110: Freunde, daß der Mandelzweig
T: Schalom Ben-Chorin
© Hänssler-Verlag, Neuhausen-Stuttgart
M: Lele Oppenheimer
© Menschenkinder Verlag und Vertrieb GmbH, Münster

S. 116/117: Mirjam-Lied
T und M: Claudia Mitscha-Eibl
© by the author

S. 127: Danket dem Herrn
T: Liturgie
M: Josef Seuffert
© Christophorus-Verlag GmbH, Freiburg
Magnificat
Aus: GOTTESLOB. Katholisches Gebet- und Gesangbuch, Stammausgabe
© Katholische Bibelanstalt, Stuttgart 1975

Bildnachweis

S. 27: Karl Schmidt-Rottluff, Gang nach Emmaus
© VG Bild-Kunst, Bonn 1994

S. 35: Frans Masereel, Les mains, 1951
© Stiftung Studienbibliothek zur Geschichte der Arbeiterbewegung, Zürich

S. 37: Frans Masereel, Mains
© Stiftung Studienbibliothek zur Geschichte der Arbeiterbewegung, Zürich

S. 38: Frans Masereel, Mains
© Stiftung Studienbibliothek zur Geschichte der Arbeiterbewegung, Zürich

S. 48: Marc Chagall, Kain tötet Abel
© VG Bild-Kunst, Bonn 1994

S. 59: Marc Chagall, Cherub
© VG Bild-Kunst, Bonn 1994

S. 61: Orpheus, aus: Dictionnaire d'Archéologie chrétienne XII, Paris 1936

S. 64: Gemme, Berliner Museum, aus: Dictionnaire d'Archéologie chrétienne XII, Paris 1936

S. 67: Pyxis aus Elfenbein, Bobbio, aus: Dictionnaire d'Archéologie chrétienne XII, Paris 1936

S. 73: Hans H.Heidenheim, Ijob, aus: Schulinformationen 15/83, Erzbischöfliches Generalvikariat Köln

S. 75: Edith Stein
© Kloster Maria vom Frieden, Köln

S. 85: Bild zu Psalm 42(43),4–5. »Mit der Zither will ich dich preisen, Gott«.

9. Jahrhundert, Württ. Landesbibliothek, Stuttgart, bibl. fol. 23
Als Kunstkarte Nr. 5227 erhältlich im Beuroner Kunstverlag, Beuron.

S. 89: Veit Stoß, 1520, Kreuzdarstellung in St. Sebaldus, Nürnberg (Ausschnitt)

S. 98: Arnulf Rainer, Übermalung, aus: Umkreisen und Durchdringen. Christusgesichter. Herausgegeben von Friedhelm Mennekes, Stuttgart 1986

S. 99: E. Charonton, nach 1450, Pietà von Avignon, Louvre (Ausschnitt)
Als Karte erhältlich beim Informationszentrum Berufe der Kirche, Freiburg, unter dem Titel: Erlöser des Menschen.

S. 102: Sieger Köder, Veronika, Kreuzweg Rosenberg
© Sieger Köder
Als Kunstkarte NR. SK 223 erhältlich im Schwabenverlag, Ostfildern.

S. 106: Christus als Wegweiser, Foto: L.Zimmerer, Warschau

S. 114: Sieger Köder, Mirjam nahm die Pauke in die Hand
© Sieger Köder
Als Kunstkarte Nr. SK 202 erhältlich im Schwabenverlag, Ostfildern.

S. 126: Heimsuchung. Altarantependium aus Liusà, 13.Jahrhundert
Als Kunstkarte Nr. 6051 erhältlich im Beuroner Kunstverlag, Beuron.
Als Meditationsbild Nr. 815D erhältlich im Kunstverlag VER SACRUM, Rottenburg.

S. 130: Sieger Köder, Brotlandschaft
© Sieger Köder
Als Kunstkarte Nr. SK 231 erhältlich im Schwabenverlag, Ostfildern.

S. 132: Osiris, aus: Manfred Lurker, Die Botschaft der Symbole, München 1990, S. 272

S. 133: Roland Peter Litzenburger, Fruchtknoten – das Weizenkorn, das in die Erde fällt
© Kunstversand Roland Peter Litzenburger, Markdorf-Leimbach